Lituanos en la Wehrmacht y la policía

en la II Guerra Mundial

Lucas Molina • Pablo Sagarra • Óscar González

GALLAND editorial BOOKS
www.gallandbooks.com

Título original: Lituanos en la Wehrmacht y la policía en la Segunda Guerra Mundial
Primera edición: septiembre de 2025
ISBN: 978–84-19469-93-9
Depósito legal: DL VA-339-2025
Diseño y maquetación: Carlos Castañón - Boca Multimedia
Tratamiento de imágenes: Carlos Castañón y Paco Queipo
Portada: Arturo Sarmiento
Imprime: Rudelgraf
Impreso en España

INTRODUCCIÓN

El rey Vladislao II «Jogaila». Fue Gran Duque de Lituania de 1377 a 1434, y rey de Polonia desde 1386, al casarse con la reina Eduviges I.

El primer rey de Lituania, bautizado en la fe católica y coronado por el Papa Inocencio IV, fue el Gran Duque Mindaugas en 1253, aunque pocos años después, el monarca volvería al paganismo de sus antepasados, traicionando sus compromisos anteriores. Ya en el siglo XIV el estado lituano se había fortalecido y expandido significativamente gracias a la dinastía Gediminas, que obtuvo territorios en el este, bien por medios diplomáticos, bien empleando la fuerza de las armas de la época. Todo el territorio de la actual Bielorrusia, Ucrania y Rusia occidental, formaba parte de Lituania a finales del siglo XIV.

En 1386, el Gran Duque de Lituania, Jogaila –nieto de Gediminas–, se convirtió al catolicismo para contraer matrimonio con la reina de Polonia, Eduviges I, siendo bautizado y tomando el nombre de Vladislao, convirtiéndose en rey de Polonia y sentando las bases de la dinastía Jagellón, que gobernó Polonia y Lituania hasta 1572, que por aquél entonces era el estado cristiano más grande de Europa. Pero esa unión lituano-polaca promovida por Jogaila tuvo que enfrentarse al poder de los caballeros teutónicos, luchando en la batalla de Grunwald –Tannenberg– en 1410.

Arriba. Unión de «Lublin» o la república de las Dos Naciones».

Abajo. Retrato oficial del rey de Polonia y Gran Duque de Lituania, Estanislao II Poniatowski. Fue amante de Catalina la Grande y tras una gobernanza errática y poco firme de su reino, los territorios que conformaban la «República de las dos naciones» se repartirían entre Rusia, Prusia y Austria, desapareciendo de facto en 1795.

La batalla, que modificaría el equilibrio de poder en la zona, fue el punto de partida para la consolidación de la unión lituano-polaca como potencia militar y política en la región. A la muerte de Vladislao, sus descendientes heredaron el trono de Polonia y el Gran Ducado de Lituania durante casi dos siglos

Formalmente, ambos estados se unirían en 1569, bajo el reinado de Segismundo II Augusto Jagellón, en la que se denominó «Unión de Lublin» o «República de las Dos Naciones», una unión que duraría algo más de dos siglos, terminando la misma, tras enormes divisiones entre los nobles, en 1795, bajo el reinado de Estanislao II Poniatowski, cuando la mayor parte de Lituania –incluida Vilna, su capital– pasaría a formar parte del imperio ruso.

En esa situación permanecería hasta 1915, en plena Primera Guerra Mundial, año en el que los alemanes ocuparon la mayor parte de Lituania. Las malas relaciones con las tropas ocupantes hizo que muchos lituanos añoraran la época en la que dependían de la administración rusa. En septiembre de 1917 los alemanes promovieron la celebración de una conferencia de patriotas lituanos, que se celebró en Vilna, de la cual se esperaba una declaración duradera y sin fisuras de alianza con Alemania. No se trataría de una anexión por parte del II Reich, sino de una especie de protectorado.

La marcha de la guerra para los Imperios Centrales aconsejó promover un resurgimiento de los nacionalismos bálticos, para asegurar, por lo menos, la presencia y la protección germana ante la amenaza bolchevique.

El llamado «Consejo de Lituania» fue constituido el 21 de septiembre de 1917. Lo formaban 20 miembros, a los que vemos en esta instantánea.

El 21 de septiembre, la Conferencia eligió a 20 miembros para formar parte del llamado «Consejo de Lituania», que de inmediato declaró que el territorio debería ser un estado independiente. Antanas Smetona fue elegido presidente del mismo.

El 11 de diciembre de 1917, el «Consejo de Lituania» accedería por unanimidad a las exigencias alemanas –pese a que cinco de los consejeros no estaban de acuerdo–, adoptando una resolución por la que declaraba una alianza duradera y firme con Alemania, con la promesa de que el Reich reconocería la independencia del nuevo estado. Pero esto último, que era lo más importante para los nacionalistas lituanos, no se llegaría a cumplir.

El presidente de Lituania, Antanas Smetona, junto a varios oficiales del ejército, en 1929.

LA REPÚBLICA DE LITUANIA

El 16 de febrero de 1918 el Consejo de Lituania presentó una Declaración de Independencia, aunque al estar ocupada *de facto* por los alemanes, dicha independencia no se verificaría. De hecho, el texto de la declaración tuvo que distribuirse de forma clandestina.

El 4 de junio de 1918, el Consejo eligió al príncipe Guillermo de Urach, conde de Wüttenberg, monarca del nuevo estado, quien aceptó el nombramiento y pasó a ser rey de Lituania con el nombre de Mindaugas II. Cinco meses después, el 2 de noviembre, el Consejo disolvió la monarquía y poco después, proclamó la República.

El mismo día que Alemania firmaba el armisticio, el 11 en noviembre de 1918, se formaba el primer gobierno lituano, tomando el control de todo su territorio y organizando un embrión de ejército y policía con la complicidad de los alemanes, que se retiraban de los países bálticos por etapas.

El 13 de noviembre de 1918 los bolcheviques denunciaron el Tratado de Brest-Litovsk, intentando aprovechar la situación de caos para, entre otras acciones de fuerza, invadir Lituania desde el este. Con el apoyo de los alemanes en retirada y soldados lituanos entrenados sobre la marcha, se consiguió parar la invasión, aunque casi dos tercios del país, incluida la capital Vilna, fueron ocupados por las tropas rusas.

Arriba. El príncipe Guillermo II de Urach, conde de Wüttemberg, hijo mayor de Guillermo I de Urach y de la princesa Florestina de Mónaco, fue elegido el 11 de julio de 1918 rey de Lituania, tomando el nombre de Mindaugas II. Guillermo estaba al mando del 64º Cuepo de Ejército en el frente Occidental y, desgraciadamente para él, Alemania no apoyó el nombramiento, impidiendo el desplazamiento del príncipe a la capital lituana.

Derecha. El general Rudiger von der Goltz fue una pieza clave en la Guerra de Independencia de Finlandia y de los países bálticos. Estaba al mando del VI Cuerpo de Ejército de Reserva.

En la zona ocupada por los bolcheviques se constituyó un gobierno comunista de carácter revolucionario, por lo que el nuevo gobierno lituano se establecería en la ciudad de Kaunas

A comienzos de 1919, con armas alemanas y francesas, excedentes de la Primera Guerra Mundial, el nuevo ejército lituano, junto a voluntarios alemanes al mando del general Von der Goltz, que permanecían en su territorio, paró un ataque del Ejército Rojo, impidiendo que éste tomara Kaunas, al

mismo tiempo que los alemanes derrotaban a los bolcheviques en Samogitia. Los lituanos tuvieron que combatir también contra las fuerzas rusas blancas (y alemanas) del príncipe Pavel Bermont-Avalov en el noroeste del país, en el segundo semestre de 1919, a las que derrotaron en la batalla de Radvilikis, el 22 de noviembre.

Pese a que las fuerzas lituanas avanzaban hacia Vilna, el ejército de Polonia, también en guerra contra los bolcheviques, iba a ser el que derrotara a los comunistas rusos, ocupando la zona reivindicada por lituanos y polacos en el mes de abril de 1919.

El príncipe Pavel Bermondt-Avalov. Mandó una unidad de rusos blancos, que combatió en los países bálticos en favor de los intereses alemanes. Su ejército fue derrotado en Letonia y Lituania.

COMBATES CON BOLCHEVIQUES EN LA GUERRA DE INDEPENDENCIA DE LITUANIA

Región costera de Klaipeda en 1919. El Tratado de Versalles la separó de Alemania hasta 1923, que fue ocupada por Lituania.

Frontera de Lituania en febrero de 1919 tras el ataque bolchevique.

Frontera alemana después del Tratado de Versalles (28-6-19)

Avance máximo que alcanzó el ejército polaco en su ataque a Lituania.

Frontera oriental de Lituania reconocida por el Tratado de Moscú de 12-VII-20

Frontera actual de Lituania.

Ataques del Ejército bolchevique en 1919

Ataques del Ejército polaco en 1919

Contraataques del Ejército lituano

Contraataques de las unidades de voluntarios alemanes que luchaban con los lituanos

Los combates de las fuerzas lituanas fueron desplazando a los bolcheviques hacia el norte del país, alcanzando el río Daugava, fronterizo con Letonia, en agosto, dando por finalizada la recuperación de todo el territorio lituano ocupado por los rusos.

La región de Vilna, que había sido ocupada por los polacos, volvería a caer en manos de los rusos en julio de 1920, tras una ofensiva del Ejército Rojo en la zona. El 12 de julio de 1920, la nueva república lituana firmaba en Moscú un tratado de paz con Rusia, quien reconocía su independencia y le otorgaba la posesión de la región de Vilna, ciudad que volvería a manos lituanas el 26 de agosto de 1920.

El ejército lituano ocuparía Vilna ese mismo día, previendo la ocupación sucesiva de todo el territorio circundante. Pero los polacos, tras derrotar a los rusos en la conocida como Batalla de Varsovia, no iban a permitir que este territorio volviera a manos lituanas y su ejército inició los combates en el estratégico enclave. Pese a que la Sociedad de Naciones emitió una resolución el 20 de septiembre, solicitando a ambos contendientes detener las hostilidades, esto no se produjo, y el ejército de Polonia continuó su ofensiva con la progresiva retirada lituana del territorio.

La presión internacional para una solución al conflicto hizo que ambos estados comenzaran a negociar el 30 de septiembre en Suvalkai, planteando los lituanos una línea de demarcación que dejaba fuera las ciudades de Grodno y Lida, pero incluía la capital, Vilna, en su territorio. El ministro de Exteriores lituano visitó varias cancillerías europeas, explicando la situación en su país y recabando apoyos para que Polonia reconociera y firmara las fronteras con Lituania que incluyeran Vilna como capital lituana.

La Sociedad de Naciones establecería una Comisión de Control Militar, para investigar y resolver las disputas entre Polonia y Lituania. El 7 de octubre de 1920 se firmaba en Suvalkai un acuerdo entre ambos países para definir las fronteras, aunque dicho acuerdo se rompería antes de entrar en vigor.

El mariscal polaco Pilsudski dio instrucciones al general Lucjan Zeligowski –al mando de la 1ª División de Infantería–, para que tomara por la fuerza la región, lo que tuvo lugar el 9 de oc-

COMBATES CON POLACOS Y BERMONTIANOS EN LA GUERRA DE INDEPENDENCIA DE LITUANIA

Región costera de Klaipèda en 1919. El Tratado de Versalles la separó de Alemania hasta 1923, que fue ocupada por Lituania.
Máximo avance polaco sobre Lituania en 1919
Frontera entre Polonia y Lituania entre 1920 y 1939
Frontera alemana después del Tratado de Versalles (28-6-19)
Límite oriental del área ocupada por las fuerzas de Bermondt
Frontera oriental de Lituania reconocida por el Tratado de Moscú de 12-VII-20
Frontera actual de Lituania
Ataques bolcheviques a Polonia en 1920
Ataques del Ejército polaco
Ataques y contraataques del Ejército lituano
1 Los ejércitos lituanos lucharon contra los bermontianos entre octubre y noviembre de 1919
2 Los polacos detuvieron el ataque lituano en otoño de 1920
★ Lugares donde se produjeron los combates más encarnizados

tubre, dos días después de la firma del Tratado, estableciendo a continuación un nuevo estado en este territorio, denominado República de Lituania Central, cuyo reconocimiento a nivel internacional sería nulo. Sólo duraría 18 meses, integrándose en Polonia el 8 de enero de 1922. Lituania no aceptó la pérdida de su capital histórica, por lo que la tensión entre ambos estados fue tal que los incidentes en la frontera se sucedieron a lo largo de los años venideros, dedicando muchos recursos militares y policiales a la vigilancia y control de la línea de demarcación entre ambos, una frontera cerrada e impermeable por parte lituana, que impidió tránsitos de cualquier tipo durante 18 años.

Arriba. Escudo de armas de la efímera República de Lituania Central.

Abajo. Unidad del ejército lituano en columna de marcha. Klaipèda, calle Aleksandro, 20 de febrero de 1923. Preside el desfile el comandante Jonas Polovinskas Budrys, uno de los organizadores y ejecutor de la ocupación del territorio de Klaipèda por parte del ejército de Lituania.

El 9 de enero de 1923 fuerzas milicianas paramilitares lituanas –la denominada Liga de Fusileros– al mando de Jonas Polovinskas Budrys, apoyadas por miembros del ejército convenientemente camuflados, entraron en el territorio de Memel (Klaipèda), una zona alemana que el Tratado de Versalles había puesto bajo administración de la Sociedad de Naciones hasta que se celebrara un plebiscito. Tomaron las tres ciudades más importantes y después de cinco días de disturbios y escaramuzas –que provocaron 12 muertos en el bando lituano y tres entre los militares franceses y los policías locales– declararon anexado dicho territorio a Lituania. Este hecho fue ratificado por la Liga de Naciones en 1924. La misma institución que había ratificado en marzo de 1923, la integración en Polonia del territorio de Vilna.

Tras la asonada militar de diciembre de 1926, el que había sido primer presidente de Lituania tras la independencia, Antanas Smetona, fue invitado por los militares a asumir nuevamente la presidencia de la nación. Smetona pertenecía al partido Unión Nacional de Lituania.

GOLPE DE ESTADO Y CRISIS FRONTERIZAS EN EL PERÍODO DE ENTREGUERRAS

Tras la promulgación de una constitución en agosto de 1922, tuvieron lugar unas elecciones constituyentes al Parlamento (*Seimas*) dos meses más tarde. Sus miembros eran elegidos por un período de tres años, y ellos votaban directamente al presidente del país, quien era el encargado de nombrar un primer ministro.

El coronel Povilas Plechavicius fue por unas horas, el presidente de Lituania tras el golpe de estado de diciembre de 1926.

En mayo de 1926 se celebraron las segundas elecciones al *Seimas* lituano, en las que el partido demócrata-cristiano perdió la mayoría que ostentaba, pasando a gobernar una coalición que encuadraba a socialdemócratas con la Unión Popular Campesina y varios partidos minoritarios. Diversas actuaciones del nuevo gobierno, como conceder una amnistía general para presos políticos comunistas, disminuir los presupuestos en Defensa y eliminar subsidios a escuelas católicas, exacerbaron las protestas y el malestar en una parte de la ciudadanía y el ejército lituano.

Desde septiembre de 1926, se organizarían varios comités –compuestos por militares– que conspiraron contra el gobierno, informando de sus actividades a los partidos derechistas, Unión Nacional de Lituania y Partido Demócrata Cristiano.

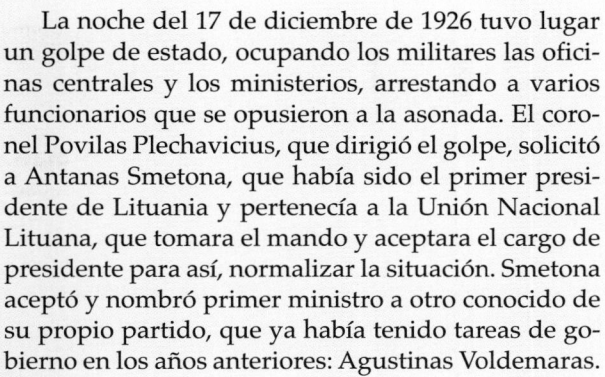

La noche del 17 de diciembre de 1926 tuvo lugar un golpe de estado, ocupando los militares las oficinas centrales y los ministerios, arrestando a varios funcionarios que se opusieron a la asonada. El coronel Povilas Plechavicius, que dirigió el golpe, solicitó a Antanas Smetona, que había sido el primer presidente de Lituania y pertenecía a la Unión Nacional Lituana, que tomara el mando y aceptara el cargo de presidente para así, normalizar la situación. Smetona aceptó y nombró primer ministro a otro conocido de su propio partido, que ya había tenido tareas de gobierno en los años anteriores: Agustinas Voldemaras.

El Partido Demócrata Cristiano fue invitado a sumarse a la tarea de formar gobierno, accediendo y pensando que pronto se convocarían elecciones al *Seimas*, que podrían ganar facilmente. El 19 de diciembre, 38 de los 42 diputados del *Seimas* que participaron en la votación –ninguno del Partido Social Demócrata ni de la Unión Popular Campesina– eligieron a Antanas Smetona presidente de Lituania. El nuevo ministro de Defensa sería el general Antanas Merkys.

Arriba. Una vez nombrado presidente de Lituania, Smetona nombró primer ministro a Agustinas Voldemaras, miembro de su partido que ya había tenido responsabilidades de gobierno en la época anterior.

Abajo. El jefe de gobierno, nombró ministro de Defensa al general Antanas Merkys, quien posteriormente sería gobernador de Klaipèda.

En los días posteriores al golpe se detuvo a 350 militantes comunistas lituanos y se ejecutó a cuatro de sus líderes antes de finalizar el año. No se produjeron más bajas en Lituania por efectos de la asonada militar. En abril de 1927, tras unos sucesos violentos, Smetonas disolvió el *Seimas* y un mes más tarde, los democristianos abandonaron del gobierno. No se volverían a convocar elecciones, prolongándose 14 años el régimen autoritario y nacionalista de Smetona, hasta la invasión soviética de 1940.

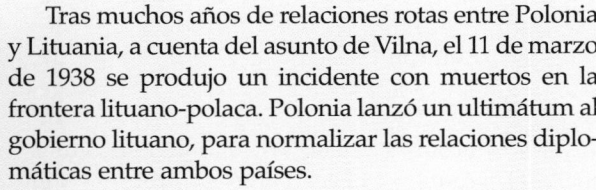

Tras muchos años de relaciones rotas entre Polonia y Lituania, a cuenta del asunto de Vilna, el 11 de marzo de 1938 se produjo un incidente con muertos en la frontera lituano-polaca. Polonia lanzó un ultimátum al gobierno lituano, para normalizar las relaciones diplomáticas entre ambos países.

Tras reunirse el presidente Smetona con las autoridades civiles y militares lituanas, y no sin grandes discrepancias en el fondo de la cuestión, debido al chantaje polaco y al objetivo irrenunciable de recuperar Vilna y su región, se impuso el miedo a que Lituania quedara relegada en la esfera internacional. Los dirigentes lituanos tenían claro que su ejército no podría enfrentarse al polaco en condiciones de obtener una victoria, en ningún caso. Se restablecieron las relaciones diplomáticas entre ambos países y la tensión en la frontera se relajó notablemente, aunque la medida provocó una crisis de gobierno sin precedentes en Lituania, con la dimisión del primer ministro y la formación de un nuevo ejecutivo.

En Polonia se consideró una «victoria sin sangre», comenzando la normalización de la situación a finales de ese mismo año y provocando ésta, la mejora de las condiciones de los lituanos en la región de Vilna, pese a que siguieron prohibidas las organizaciones políticas lituanas de carácter reivindicativo.

Desde la anexión a Lituania de la región de Klaipèda (Memel para los alemanes), la represión ejercida contra los partidarios de la unión con Alemania fue en aumento, alcanzando su cenit en 1934, cuando 123 militantes del movimiento pangermanista fueron detenidos por complot. Todos ellos fueron juzgados en el llamado «Proceso de Kaunas» y cuatro de ellos condenados a muerte, aunque la sentencia no se llegó a ejecutar. Otros 87 serían condenados a prisión perpetua o trabajos forzados.

Arriba. El Dr. Ernst Neumann era el jefe del partido Comunidad Socialista Popular de la Región de Memel (SVOG), próximo al nazismo. Fue juzgado en el proceso de Kaunas, junto a más de un centenar de correligionarios.

Abajo. Una de las vistas en el proceso de Kaunas, donde se juzgó a 123 miembros de los partidos pro-alemanes de la región lituana de Klaipèda.

La situación se tornó extremadamente compleja cuando en las elecciones de 1935 al parlamento regional autónomo de Klaipèda, los partidos alemanes se presentaron en una candidatura unitaria y sacaron una mayoría aplastante de 24 asientos de los 29 existentes. Pero desde Alemania se intentaron calmar las revueltas aguas que bajaban desde la desembocadura del río Niemen. No era el momento de hacer planteamientos territoriales de esa escala. Éstos tendrían que esperar ante cuestiones mucho más perentorias y de implicaciones mucho más amplias.

Berlín, 22 de marzo de 1939. Momento de la firma del acuerdo sobre la transferencia de la Región de Klaipéda por los ministro de Asuntos Exteriores de Alemania Joachim von Ribbentrop (derecha) y de Lituania, Juozas Urbsys (izquierda).

En 1938, en las elecciones al parlamento local, la candidatura unitaria germana casi alcanzó el 88% de los votos, estando ya fuera de prisión todos los alemanes juzgados cuatro años atrás en Kaunas, y muchos de ellos en puestos claves, como el lider local del partido nazi, Ernst Neumann. Quince años de ocupación lituana no habían servido para «lituanizar» la región, que seguía sintiendo y respirando en alemán.

En octubre de ese mismo año, Hitler encargaba a la *Kriegsmarine*, planificar la ocupación de Memel. Un mes más tarde, la Marina ya tenía listo su planeamiento de la operación. El nombre clave sería «Ejercicio de Transporte Marítimo Stettin». Dichos planes habrían de esperar unos meses en el cajón.

El 20 de marzo de 1939 el ministro alemán de Exteriores, von Ribbentrop, exigió a su homólogo lituano Juozas Urbsys la retrocesión de la región de Memel para incorporarla a Alemania. La tensión en la zona desde hacía ya unos años, la política de apaciguamiento de Francia y Reino Unido, y la posición del Reich reclamando por la fuerza todas sus mutilaciones territoriales ocurridas tras la Primera Guerra Mundial, provocaron la aceptación del ultimátum germano de entrega del territorio.

Pese a que desde 1928 regía un tratado fronterizo entre ambos países por el que Memel se consideraba parte de Lituania, el ascenso al poder de Hitler y su partido había puesto patas arriba el tablero europeo. El 23 de marzo ambos dignatarios firmaban un acuerdo por el que Lituania cedía a Alemania de forma «voluntaria» la región.

El día 21 de marzo, la Armada germana iniciaba el «Ejercicio de Transporte Marítimo Stettin», embarcando el Gran Almirante Raeder, comandante en jefe de la *Kriegsmarine*, en el crucero ligero *Leipzig* para dirigir la operación. Componían la flota alemana los tres acorazados de bolsillo –*Admiral Graff Spee, Admirall Scheer* y *Deutschland*– y tres cruceros ligeros –*Leipzig, Nürnberg* y *Köln*–, además de varias flotillas de destructores, minadores y torpederos. Al día siguiente zarparon todas las unidades, a la vez que el ejército lituano evacuaba sus efectivos en la zona de Klaipèda, entregando el poder al parlamento regional el mismo día 22.

Al día siguiente de que los ministros de Exteriores alemán y lituano firmaran en Berlín la «cesión a Alemania de Klaipèda, los buques alemanes entraban en el puerto de Memel sin hacer un solo disparo, entre vítores y aclamaciones de la población local alemana. El territorio fue ocupado por fuerzas terrestres de la *Kriegsmarine* y Hitler desembarcó del acorazado *Deutschland* y se dio un baño de multitudes.

Torpederos alemanes de los tipos 23 y 24, en el puerto de Memel el 23 de marzo de 1939. Se había puesto en marcha el «Ejercicio de Transporte Marítimo Stettin», nombre clave para la movilización de la *Kriegsmarine*. Alemania acababa de ocupar Klaipèda.

VILNA VUELVE A SER LITUANA

El 1 de septiembre de 1939, a las 04:40 h, la *Wehrmacht* ejecutaba la Operación «*Fall Weiss*», invadiendo Polonia. Dos días más tarde, tras la negativa de Hitler a aceptar el ultimátum presentado por los gobiernos francés y británico para retirar sus tropas, el Reino Unido y Francia declararon la guerra a Alemania.

Lituania se mantuvo neutral en el conflicto, expectante ante la invasión germana de Polonia, país con el que mantenía un contencioso desde 1922 por el asunto de Vilna, la reclamada y ansiada capital lituana y sus territorios adyacentes.

La gran preocupación de las autoridades lituanas los primeros días de septiembre de 1939 era la actitud que tomaría la Unión Soviética con respecto a la invasión germana, pues si los rusos atacaban también desde el este a los polacos, sus deseos de recuperar Vilna podrían esfumarse. Pero no sólo les preocupaban los soviéticos, también preveían una respuesta internacional dura por parte de Francia y Reino Unido, que podía dar al traste sus aspiraciones de buenas relaciones diplomáticas en el entorno europeo. La posición lituana era, por tanto, compleja y cualquier desequilibrio podría tirar por tierra todo lo ganado en el último año y medio.

Hay que recordar que en las cláusulas secretas del Pacto Ribbentrop-Molotov de agosto de 1939,

Lituania quedaba bajo la influencia de Alemania, al contrario de lo que ocurría con los otros dos estados bálticos, Estonia y Letonia, asignados a la influencia soviética.

Como los lituanos suponían, la URSS atacó Polonia por el Este el 17 de septiembre, empleando en las operaciones siete ejércitos agrupados en dos frentes, el Bielorruso a las órdenes de Mikhail Kovalyov, y el Ucraniano, cuyo jefe era Semion Timoshenko.

Firma en Moscú del Pacto de no agresión germano-soviético, el 23 de agosto de 1939. Ribbentropp y Molotov estamparon su firma en el documento.

Fueron unidades del Frente Bielorruso las que avanzaron sobre Vilna el 18 de septiembre, aunque algunas dificultades de orden logístico militar provocaron que se pospusiera la toma de la ciudad a la mañana del día siguiente. La 24ª División de Caballería y las 22ª y 25ª Divisiones Blindadas –integradas en el 3º Ejército–, avanzaron desde el noreste, mientras que la 36ª División de Caballería y la 6ª Blindada –del 11º Ejército–, lo hicieron desde el sureste.

El coronel polaco responsable de la defensa de la región de Vilna en 1939, Okulicz-Kozarin.

El día 19, el coronel polaco responsable de la defensa de Vilna, Jaroslaw Okulicz-Kozaryn, recibió información de que fuerzas blindadas soviéticas avanzaban desde Oszmiana –a 50 kilómetros de Vilna–. Al darse cuenta de que era imposible la retirada, Okulicz-Kozaryn ordenó a sus tropas –diez batallones de infantería mal armados– que defendieran la ciudad lo mejor que pudieran, y a los civiles y fuerzas desarmadas que se retirasen hacia la neutral Lituania. En la mañana del 19 de septiembre, las unidades blindadas soviéticas, a las que se les unieron fuerzas de infantería y caballería, avanzaron sobre la ciudad y los defensores polacos consiguieron detenerlos momentáneamente, aunque a primera hora de la tarde el débil dispositivo de defensa cedió y los soviéticos tomaron definitivamente el control de la ciudad. La mayoría de los defensores se rindieron a las tropas rusas, aunque algunos consiguieron huir hacia la frontera lituana y refugiarse allí.

Vilna, la capital lituana... ocupada por los polacos

La capital histórica de Lituania, Vilna, y su región circundante, fue motivo permanente de fricción entre polacos y lituanos entre 1918 y 1939, convirtiéndose en un problema internacional entre los años 1919 y 1920. Al concluir la Primera Guerra Mundial, surgieron nuevos países en el continente europeo, y precisamente dos de ellos fueron Polonia y Lituania, con un pasado común ligado a Rusia. Tras su independencia, ambos estados reclamaron Vilna y sus territorios circundantes. La ciudad había sido la capital histórica de Lituania, sin embargo, después de la «Unión de Lublin» en 1569, Vilna se convirtió en una ciudad muy cosmopolita; de hecho los polacos llegaron a superar a los lituanos en la ciudad, aunque no ocurriría lo mismo en el campo donde los lituanos superaban al resto de etnias presentes en la zona. En 1918, polacos y judíos constituían la mayoría de la población de la ciudad de Vilna, mientras la población lituana étnica suponía solo el 2% del total. La ocupación rusa de Lituania desde principios del siglo XIX acrecentó la caída demográfica lituana debido a la rusificación y las purgas. La retirada alemana de noviembre de 1918 propició la ocupación soviética del territorio de Vilna antes de finalizar el año, aunque en abril de 1919 serían expulsados por nacionalistas polacos y lituanos. En la primavera de 1920 los bolcheviques volverían a ocupar el territorio, concluyendo posteriormente un armisticio con Lituania, a la que entregaron la capital y sus alrededores. El tratado de paz con los soviets provocó un nuevo conflicto, ahora entre Polonia y Lituania, por la posesión de Vilna. Tras la intervención de la Liga de Naciones, se firmó el Tratado de Suvalkai el 7 de octubre de 1920, donde se afirmaba que la región de Vilna debía permanecer en manos lituanas. Pero solo dos días después de la firma del tratado, el general polaco Lucjan Zeligowski, alentado por el mariscal Jozef Pilsudski, organizó una rebelión

Lucjan Zeligowski

y condujo a las fuerzas polacas al tercio oriental de Lituania, ocupando Vilna. Los lituanos trasladaron provisionalmente su capital a Kaunas y contraatacaron a los polacos, aunque su ofensiva fue detenida por la Liga de Naciones. Se anunció que Vilna no estaba ocupada por el ejército polaco, sino por rebeldes residentes en el territorio –polacos y bielorrusos–, liderados por un general polaco «desobediente». Los esfuerzos diplomáticos no lograron recuperar Vilna para los lituanos. La mediación de la Liga de Naciones no fue capaz de solucionar el conflicto de intereses entre ambos estados. Los años de entreguerras fueron testigos de continuas tensiones entre Lituania y Polonia sobre la cuestión de Vilna. Ni Lituania renunciaría oficialmente a la capital de su estado, ni Polonia renunciaría a una ciudad con población predominantemente polaca. Se mantuvo latente el conflicto durante 18 años y nada parecía capaz de romper ese punto muerto, que incluía la ausencia de relaciones diplomáticas y un estado similar al de guerra. Fue este hecho el que enconó la hostilidad polaco-lituana. En 1931, el Tribunal Internacional de La Haya declaró que la ocupación violenta de Vilna por los polacos había sido una violación del derecho internacional, aunque este hecho jurídico no tuvo ninguna consecuencia política.

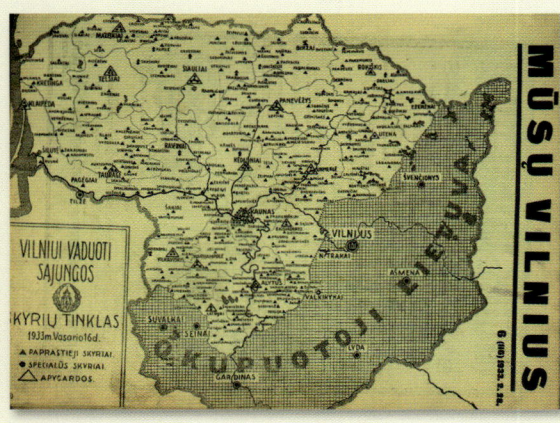

En 1920 y 1926 Lituania había firmado sendos Tratados con la Unión Soviética por los que ésta reconocía Vilna como capital de la República de Lituania, por lo que en virtud a estos pactos, todavía en vigor, al ocupar por la fuerza la región tras el ataque a Polonia, la URSS debería entregarla al estado lituano.

Pero la realidad se imponía y el futuro de Lituania se acercaba al de sus vecinas del norte: en el Tratado de Límites y Amistad firmado entre Alemania y la URSS el 28 de septiembre de 1939 –al finalizar la campaña militar que despedazó Polonia–, Lituania pasó a la esfera de influencia soviética, excepto el pequeño territorio de Suvalkai.

REPÚBLICA DE LITUANIA 1918-1940

LETONIA

Región de Klaipèda
Territorio: 2.848 km²
Población: 0.15 millones*

Siauliai

Klaipèda

REGIÓN DE KLAIPÈDA

Panevèzys

Daugpilis

Lituania Mayor
Territorio: 53.242 km²
Población: 2.4 millones*

LITUANIA MAYOR

Tilsit

ALEMANIA

Kaunas

Istenburg

Marijampolè

Vilna

Región de Vilna
Territorio: 6.909 km²
Población: 0.44 millones*

REGIÓN DE VILNA

Alytus

Suvalkai

Lida

Grodno

POLONIA

Lituania mayor (Formó parte del país 1918-1940)

Región de Klaipèda (Formó parte del país 1923-1939)

Región de Vilna (Formó parte del país 1939-1940)

Región de Vilna (Parte de Lituania *de iure*, no *de facto*)

Intercambio territorial con Letonia en 1921

Recibido

Entregado

* Datos del año 1937

Capital de Lituania

Capital provisional

Otras ciudades

Puerto internacional

Frontera de Lituania en 2025

Fronteras de otros países

El Tratado de Asistencia Mutua lituano-soviético (Octubre de 1939)

Firmado el pacto germano-soviético de agosto de 1939, las repúblicas bálticas de Estonia y Letonia quedaron en la zona de influencia de la URSS, tal y como quedó recogido en el protocolo adicional secreto del Acuerdo. En el Tratado de Límites y Amistad, firmado entre Alemania y la URSS el 28 de septiembre de 1939, la república de Lituania pasó a la esfera de influencia soviética. Stalin manifestó la necesidad de entablar negociaciones con Lituania por lo que el ministro de exteriores lituano, Juozas Urbsys, viajó a Moscú el 3 de octubre para reunirse con su homólogo soviético, y fue allí donde el propio Stalin, junto a Molotov y otros funcionarios del ministerio le informaron de sus planes: establecer bases militares rusas en territorio lituano y ceder a Alemania la zona de Suvalkai, y de esta manera, Lituania podría recuperar la capital, Vilna, y un área de in-

fluencia en su entorno, aunque menor que la que dispuso entre 1918 y 1920. Las quejas del ministro lituano por las condiciones que ponían los soviets para devolver Vilna, no sirvieron de nada. Era un «lo tomas o lo tomas», pues Stalin estaba dispuesto a enviar tropas al país con la impunidad que le proporcionaba el saber que Alemania no iba a mover un dedo a favor de Lituania. Ante la imposición de Stalin nada podía hacer un pequeño país con un minúsculo ejército. -«El ejército soviético estacionado en Lituania garantizará que la Unión Soviética defenderá a Lituania en caso de un ataque. El ejército soviético trabajará para garantizar la seguridad de Lituania...»– afirmó Stalin en la reunión con el ministro de exteriores lituano. Al final, las tropas rusas que se instalaron en Lituania no llegarían a 20 000 hombres –se pasó de una primera propuesta

de 50 000 a 35 000, y finalmente, a 19 000–, y ante las protestas lituanas por la reducción del territorio alrededor de Vilna que los soviéticos pretendían entregarles, se les indicó que los límites de 1920 no estaban bien calculados, pues los bielorrusos también reclamaban «su parte del pastel». Por otro lado, Alemania informó al gobierno lituano de la veracidad de los protocolos del Tratado germano-soviético y de que su reclamación de la parte del territorio lituano que les habían indicado los rusos era también cierta, aunque no urgente –la venderían a la Unión Soviética en 1941–. Los enviados lituanos a las negociaciones se resistieron como pudieron a las pretensiones soviéticas en un segundo viaje a Moscú, aunque nada iba a hacer variar la firme determinación de Stalin de controlar las repúblicas bálticas. Aún así, Urbsys se negó a firmar por segunda vez, y todo quedó en suspenso, pues la sensación de las autoridades lituanas era que no merecía la pena el territorio de Vilna si había que pagar el precio que exigían los soviéticos. La tercera ronda de negociaciones entre rusos y lituanos fue inevitable y no se moverían un ápice las condiciones impuestas en la anterior reunión por los negociadores soviéticos, por lo que los lituanos tuvieron que firmar lo que los rusos quisieron, bajo amenazas serias de intervención. El 11 de octubre se produjo la firma y el tratado lituano-soviético tomó carta de naturaleza. Era una imposición en toda regla, disfrazada de asistencia mutua y de acuerdo bilateral entre «iguales». Los nueve artículos del Tratado se podían resumir en uno: Lituania sería un estado satélite de la Unión Soviética en el ámbito político y militar durante los siguientes 15 años. A cambio, Vilna volvería a ser la capital de los lituanos para siempre, cediendo los soviets 6739 kilómetros cuadrados de territorio con unos 400 000 habitantes. El acuerdo para fijar las bases soviéticas en territorio lituano se firmaría el 28 de octubre de 1939, el mismo día en que las tropas lituanas entraban triunfantes en su antigua capital, e incluía cuatro establecimientos permanentes con 18 786 hombres, en Alytus, Prienai, Gaiziunai y Naujoji Vilna, cuatro ubicaciones que rodeaban la hasta entonces capital provisional de Lituania: Kaunas.

De hecho, al día siguiente de la firma de dicho tratado, Alemania cancelaba las conversaciones previstas con Lituania, y la Unión Soviética manifestaba al gobierno lituano el deseo de iniciar negociaciones entre ambos países para resolver el contencioso de Vilna. Las dudas generadas en el gobierno lituano se despejaron cuando se hizo patente que, aunque éste desistiera de la integración de Vilna al país, la determinación soviética de controlar Lituania, además de Letonia y Estonia, no tenía marcha atrás.

Arriba. Los militares lituanos rompen con una sierra las barreras de madera que separaban el territorio de la región de Vilna, ante la expectativa general.

Abajo. El ejército lituano desfila triunfal por la ciudad de Vilna «la capital robada» por los polacos en 1920, tras su vuelta al país.

Tras una suerte de negociaciones, que en realidad fueron un «trágala» para los lituanos, el 28 de octubre de 1939 el ejército de Lituania volvió a entrar en Vilna desde aquel fatídico 9 de octubre del ya entonces lejano 1920. Antes de su entrega a los lituanos, los rusos esquilmaron la ciudad y sus alrededores, transportando a la Unión Soviética todo lo que podía tener algún valor –fábricas, objetos, vehículos, etc…– y la miseria y la hambruna se adueñaron de Vilna los meses siguientes, multiplicándose el paro, la conflictividad social y la pobreza. La reforma agraria en el territorio fue un revulsivo del estado lituano ante estos terribles acontecimientos.

El final de Lituania independiente

Al igual que ocurriría con Letonia y Estonia, el corolario de las relaciones soviético-lituanas era fácil de prever, y el gobierno del país, con su presidente a la cabeza, intentaron cumplir el Tratado de Ayuda Mutua a rajatabla, para evitar ofrecer una excusa a los rusos que justificara ante terceros estados la ocupación del país. Aprovechando el final de la Guerra de Invierno con Finlandia, en la primavera de 1940 los soviets redoblaron la presión sobre las tres repúblicas bálticas, y en junio de ese mismo año, coincidiendo con el final victorioso de la ofensiva alemana contra Francia, denunciaron el secuestro de soldados rusos en las bases lituanas por parte de fuerzas del gobierno de Antanas Merkys, primer ministro que sólo llevaba en el cargo siete meses, solicitando formalmente su destitución. El ultimatum entregado por Molotov al ministro de exteriores lituano no dejaba dudas ni puertas abiertas a la esperanza de resolver amistosamente la cuestión.

Tras presentar al gobierno lituano como perpetrador de violaciones graves al Tratado de Asistencia Mutua, le acusaba de estar preparando un ataque a las bases militares rusas establecidas en su territorio, además de aliarse con los otros estados bálticos en contra del espíritu del Tratado. La manera de corregir estas agresiones, continuaba el ultimátum, pasaba por juzgar al ministro del interior y al director de seguridad lituanos, disolver el gobierno y nombrar otro «dispuesto y capaz de asegurar la ejecución concienzuda del Tratado» y dejar paso libre a unidades del ejército soviético para garantizar la seguridad de las bases, y por ende del Tratado. La amenaza rusa de actuar militarmente contra Lituania era una realidad.

Antanas Merkys. Militar y abogado lituano, fue elegido Primer Ministro en noviembre de 1939. Había ejercido como ministro de Defensa, Gobernador de Klaipèda y alcalde de Kaunas. Sucedió a Smetona como presidente de Lituania, entregando el cargo dos días después a Justas Palevis, elegido por los soviéticos para ocuparlo. Falleció en el Gulag en 1955.

Molotov entregó el ultimátum al ministro de exteriores lituano, Juozas Urbsys, en Moscú el 14 de junio de 1940 por la noche, visiblemente molesto y con malos modales. Ante la solicitud de los lituanos de extender el plazo marcado por los rusos para la firma del mismo, Molotov replicó que no hacía falta más tiempo, pues fuese cual fuese la respuesta del gobierno lituano, las tropas soviéticas marcharían al día siguiente hacia Lituania. *Nos sentimos deshonrados, pisoteados, violados*, escribiría el ministro lituano Urbsys en sus memorias.

Esa noche se celebró una reunión en la sede de la presidencia lituana, y la mayoría decidió no oponerse a la invasión soviética y

Arriba. 27 de octubre de 1937. En la línea de demarcación lituano-polaca, se encuentran el jefe del ejército lituano, general Stasys Rastikis (derecha), y el comandante del destacamento de Vilna, general Vincas Vitkauskas (izquierda). Rastikis afirmaba reiteradamente que jamás se cedería ni un palmo de tierra lituana. Pero el 14 de junio de 1940, convocado por Smetona, afirmó: «Hay guarniciones soviéticas en todo el país. Sería imposible defenderlo. Debemos aceptar todas las exigencias rusas y no oponer resistencia». Poco después los ocupantes lo nombraron presidente de la Comisión para la Liquidación del Ejército Lituano. Vincas Vitkauskas era, al parecer, un agente soviético desde hacía ya mucho tiempo. Fue nombrado ministro de Defensa en el gobierno comunista de Justas Palekis.

aceptar el ultimátum (aunque no se llegaría a votar). El primer ministro Merkys renunció y el general Rastikis recibió instrucciones de formar un nuevo gobierno. Intervinieron a favor de la oposición al ultimatum el presidente Smetona, el ministro de Defensa Nacional, el ministro de Educación y el auditor general. Por el contrario, el comandante de las Fuerzas Armadas, general Vincas Vitkauskas, y el general Rastikis hablaron a favor de aceptar el ultimátum, motivando que sería imposible resistir debido a la presencia de las unidades soviéticas en el interior de Lituania. El Presidente no estuvo de acuerdo con la propuesta de la mayoría de los miembros del Consejo de Ministros, del recién elegido Primer Ministro y del Comandante en Jefe de las Fuerzas Armadas, de aceptar y no oponerse al ultimátum y delegó sus deberes al Primer Ministro. En la mañana del 15 de junio, el presidente Antanas Smetona dejó Kaunas, viajando hacia Kybartai y luego a Alemania.

El nombramiento como nuevo primer ministro del general Rastikis, disgutó al gobierno soviético que no lo aceptó. A partir de entonces los soviéticos tomarían el control de las instituciones, nombrando un nuevo gobierno pro-soviético dirigido por el periodista Justas Paleckis. El 3 de agosto de ese mismo año, la República Socialista de Lituania «solicitaba» su incorporación a la Unión Soviética.

LA DEPORTACIÓN DE JUNIO DE 1941

Tras la ocupación soviética de Lituania, en junio de 1940, comenzaron la represión y las deportaciones de figuras políticas y funcionarios. Los preparativos secretos para las deportaciones masivas se prolongaron durante casi un año. El 14 de junio de 1941 comenzó una operación de los soviéticos y sus colaboradores lituanos, durante la cual al menos 17 500 personas fueron deportadas a la fuerza de Lituania y transportadas a territorios remotos y hostiles de la Unión Soviética, y otras 3000 acabaron en prisiones y campos de trabajos forzados. Esta deportación se convirtió en una tragedia y una pérdida para la sociedad lituana, conmocionando profundamente a todo el país y quedando grabada por generaciones en la memoria del pueblo lituano.

Arriba. Las tropas alemanas acaban de entrar en la ciudad de Kaunas. En la calle Alèja Laisvès –al fondo la iglesia de San Miguel Arcángel–, los lituanos los aclaman y les ofrecen cigarrillos. Los veían como salvadores frente al régimen comunista implantado el año anterior. Con el tiempo, muchos lituanos se verían defraudados por el trato de los alemanes.

Página anterior, abajo. El periodista lituano Justas Paleckis, fue el candidato de la URSS para sustituir al Primer Ministro. Luego sería nombrado Presidente del Presidium del Soviet Supremo de la República Socialista Soviética de Lituania, cargo que ejercería hasta 1970, año de su jubilación, falleciendo en 1980.

A las 3:15 h del 22 de junio, el territorio de la República Socialista Soviética de Lituania fue invadido por unidades de dos grupos de ejércitos alemanes que avanzaban: el Grupo de Ejércitos Norte, que se apoderó del oeste y norte de Lituania, y el Grupo de Ejércitos Centro, que tomó la mayor parte de la Región de Vilna. Los alemanes reunieron unas 40 divisiones, 700 000 soldados, 1500 carros de combate y 1200 aviones para el ataque a Lituania. Los soviéticos disponían de 25 divisiones, unos 400 000 soldados, con 1500 carros y 1350 aviones, en el Distrito Militar del Báltico. De ellas, siete divisiones de fusileros y seis motorizadas de los ejércitos 8.° y 11.° estaban ubicadas en el territorio lituano.

Los primeros ataques fueron realizados por la *Luftwaffe* contra aeropuertos, aeródromos y poblaciones lituanas (Kedainiai, Raseiniai, Karmelava, Panevezys, Jurbarkas, Ukmerge, Siauliai...). La mayoría de los aviones de las fuerzas aéreas soviéticas fueron destruidos en tierra. Los alemanes avanzaron rápidamente y tan solo encontraron resistencia esporádica de los soviéticos cerca de Kaltinenai, Raseiniai, Siauliai. En todos los casos, fue determinante la ayuda de la población y de muchos soldados lituanos. En los combates en la zona de Raseiniai, los soviéticos intentaron un contraata-

El Frente de Activistas Lituanos (FAL)

El FAL fue fundado en Berlín el 17 de noviembre de 1940 por refugiados políticos lituanos, a instancias del representante de la Lituania libre –antiguo oficial del ejército– Kazys Skirpa, quien mantenía contactos con el Ministerio de Asuntos Exteriores alemán y el *Abwehr*. Su objetivo era reconstruir una Lituania independiente de los soviéticos bajo la protección alemana. El 9 de octubre de 1940 había tenido lugar una reunión secreta en Kaunas , donde se decidió crear una organización de resistencia que abarcara toda Lituania y se preparara para recuperar la independencia aprovechando la inminente guerra de Alemania con la URSS. Se establecieron unidades de combate en instituciones, empresas, universidades y el ejército. Los miembros de las FAL se armaban, reproducían y distribuían publicaciones clandestinas. Las secretas «Instrucciones para la Liberación de Lituania», fechadas el 24 de marzo de 1941, fueron entregadas por Kazys Skirpa a un oficial de en-

Kazys Skirpa

lace de Vilna para que las transmitiera oralmente, como así se hizo. Los movimientos efectuados entre abril y junio de 1941 provocaron que las fuerzas de seguridad soviéticas detectaran algunas unidades de combate y en ese período llevaron a cabo arrestos masivos. Cerca de 400 lituanos fueron arrestados e interrogados en prisiones de todo el país debido a su pertenencia a las FAL. El 23 de junio, a las 9,28 h, el activista Leonas Prapuolenis informó sobre el levantamiento en Kaunas y leyó una breve declaración sobre la restauración de la independencia de Lituania, se informó sobre la formación del gobierno provisional y se interpretó el himno lituano. Tras el cese obligado por los alemanes, de la actividad del Gobierno Provisional, el 26 de septiembre el FAL fue clausurado y sus bienes, confiscados.

Tras la liquidación del Frente de Activistas Lituanos, la mayoría de sus miembros se trasladaron a la organización clandestina Frente Lituano

que apoyado por carros de combate, aunque fue infructuoso y les causó numerosas pérdidas. En una semana, los alemanes sufrieron cerca de 3500 bajas pero controlaron toda Lituania. Las pérdidas soviéticas no se conocen con precisión, aunque quedaron desactivadas las 13 divisiones que había en el territorio. El Ejército Rojo también perdió la mayor parte de los aviones tanques, artillería y otros equipos estacionados en territorio de Lituania, que bien fueron destruidos, bien quedaron en manos alemanas.

El Ejército Rojo en retirada se llevó a la URSS unos 4000 prisioneros políticos que habían sido arrestados desde mayo del año anterior. El NKVD organizó masacres de prisioneros en Rainiai, Pravieniskes y Panevezys, llegando a identificarse unos 40 lugares de asesinatos en masa en territorio de Lituania. Muchos prisioneros murieron en el camino a las cárceles soviéticas. La mayor masacre de este tipo tuvo lugar cerca de Chervyen en la actual Bielorrusia.

Sello empleado por el movimiento Frente de Activistas Lituanos.

La invasión alemana liberó al pueblo de Lituania del terror soviético, aunque los primeros días, también ocurrieron matanzas –sobre todo en Kaunas y Vilna– de colaboracionistas soviéticos y judíos, no está claro si por parte de los propios alemanes o de los lituanos más exaltados, seguidores del antiguo primer ministro Agustinas Voldemaras, denominados «Voldemaristas».

Al inicio de la Operación «Barbarroja» organizaciones clandestinas y grupos rebeldes independientes vinculados al denominado Frente de Activistas Lituanos (FAL) comenzaron a luchar contra el Ejército Rojo, desatándose un levantamiento anticomunista. Su objetivo era vengarse de la terrible ocupación soviética y restaurar la independencia de Lituania. Partisanos con brazaletes blancos en el brazo izquierdo custodiaban puentes y otros lugares importantes, disparaban y obstaculizaban la retirada de los soldados del Ejército Rojo, arrestaban a funcionarios del gobierno anterior o a simpatizantes suyos y ayudaban a los alemanes atacantes.

En Vilna, los rebeldes lograron liberar a presos políticos que estaban encerrados en vagones y que los soviéticos no habían tenido tiempo de transportar a Rusia. El levantamiento alcanzó su

FRENTE LITUANO (FL)

Juozas Ambracevicius

Fue una organización clandestina lituana de resistencia antinazi y antisoviética, activa desde septiembre de 1941 y liderada por Juozas Ambrazevicius. El Frente Lituano participó en la resistencia no violenta a la ocupación de Lituania por la Alemania nazi, saboteando la explotación alemana del trabajo forzado, la supresión de la educación lituana y la creación de la Legión *Waffen-SS* lituana. La resistencia lituana rehuyó el combate pues quería evitar ayudar a la Unión Soviética, deseando que Alemania fuera derrotada por los aliados occidentales. El Frente Lituano se dividió en tres ramas: militar, política y financiera. La sección militar acumuló armas y organizó unidades armadas. El 5 de mayo de 1942, se creó *Kestutis*, una organización político-militar subordinada a ella. Muchos de los miembros de *Kestutis* se convirtieron en partisanos lituanos antisoviéticos. El departamento político y de información formuló el programa político de la organización y publicó y distribuyó prensa antinazi, mientras que el departamento financiero recaudó fondos para la prensa y otros asuntos. El 25 de noviembre de 1943, el Frente Lituano, junto con otras organizaciones, fundó el Comité Supremo para la Liberación de Lituania (VLIK). En febrero de 1944, el Frente contribuyó a la creación de las Fuerzas de Defensa Territorial de Lituania y continuó operando en la diáspora lituana durante toda la Guerra Fría. Muchos de los miembros del Frente que permanecieron en Lituania fueron arrestados por los ocupantes soviéticos, pero algunos lograron convertirse en partisanos «Hermanos del Bosque».

LEONAS PRAPUOLENIS

Nacido en una familia de agricultores de Suvalkija en junio de 1913 , Prapuolenis fue miembro activo del movimiento juvenil católico *Ateitininkai* y un firme opositor al régimen del presidente Smetona. Tras la ocupación de Lituania por la Unión Soviética en junio de 1940, Prapuolenis se unió al Frente de Activistas Lituanos (FAL) y comenzó a organizar el levantamiento antisoviético. Cuando Alemania invadió la URSS y los miembros del FAL comenzaron la sublevación, Prapuolenis fue el encargado de leer la proclama de independencia a las 10:35h del 23 de junio, en la estación de radio de Kaunas. Prapuolenis sería el representante del FAL en el Gobierno Provisional de Lituania. Tras la disolución de dicho Gobierno Provisional, ordenada por los alemanes en agosto de 1941, el 20 de septiembre, Leonas Prapuolenis entregó un memorándum al cuartel general militar alemán en Kaunas contra la ocupación alemana de Lituania. Prapuolenis sería arrestado por la Gestapo y enviado al campo de concentración de Dachau. Cinco meses después, sería liberado gracias a los esfuerzos del coronel Skirpa. Prapuolenis vivió en Múnich bajo supervisión policial, pero mantuvo contacto con grupos de la resistencia lituana. Después de la guerra, vivió en Austria y Suiza antes de mudarse a Alemania Occidental en 1948 y a Estados Unidos en 1955. Trabajó para el Fondo de Ayuda Lituano Unido de América (BALF) y fue miembro activo del Comité Supremo para la Liberación de Lituania (VLIK). Falleció en julio de 1972.

máxima magnitud en Kaunas. Los rebeldes tomaron estaciones de radio y teléfono, interrumpieron las comunicaciones del Ejército Rojo, atacaron las unidades que custodiaban los puentes y lucharon contra los soldados del Ejército Rojo. En la noche del 23 de junio, la ciudad estaba bajo control de los partisanos. Los alemanes entraron en Kaunas, en la que ondeaban ya banderas tricolor lituanas, en la tarde del 24 de junio. Unos 10 000 hombres participaron en el levantamiento en toda Lituania, muriendo cerca de 700 rebeldes en los combates y otros 1100 que asesinaron los soviéticos en retirada en diferentes lugares.

Miembros del Frente de Activistas Lituanos en una formación en la zona de Zarasai, los días clave de la sublevación contra el ocupante soviético. Llevan sus característicos brazaletes blancos sobre trajes civiles y uniformes.

Ya el 23 de junio, activistas anunciaron la restauración de la independencia y la formación del Gobierno Provisional a través de la radio de la Kaunas ocupada. Juozas Ambrazevicius se convirtió en su líder. La tarea más importante del Gobierno Provisional era lograr el reconocimiento de la independencia de Lituania. En aquel momento, esto solo era posible en connivencia con los alemanes, que se negaron a reconocerla. El 28 de junio, los alemanes ordenaron el desarme de las unidades armadas lituanas y una semana más tarde, el 5 de agosto, el Gobierno Provisional se vio obligado a cesar sus operaciones. Los alemanes prohibieron las FAL, confiscaron sus propiedades y enviaron a su representante, Leonas Prapuolenis, al campo de concentración de Dachau.

Activistas lituanos llevan detenidos a soldados del Ejército Rojo, tras el levantamiento del 23 de junio de 1941 en Vilna.

EL GOBIERNO PROVISIONAL LITUANO DE KAUNAS

Dos días después del inicio de la Operación «Barbarroja», el 23 de junio de 1941, a las 10:00 h, el representante del Frente de Activistas Lituanos (FAL), Leonas Prapuolenis, con un grupo de hombres, ocupó la emisora de radio de Kaunas y anunció en nombre del Frente: «La ocupación de la Unión Soviética ha terminado; la coerción y la traición soviéticas, mediante las cuales el Estado lituano supuestamente se incorporó a la Unión Soviética, han terminado; se restaura la soberanía de Lituania y se proclama el Gobierno Provisional de Lituania con la siguiente composición: (...) Se invita a los compatriotas a desalojar a los ocupantes y a asumir la administración local». Después del levantamiento, se restableció la administración local en muchas zonas de

Lituania y en muchos lugares los rebeldes tomaron el poder, aunque las bajas fueron realmente elevadas: casi 2000 voluntarios murieron solo durante el levantamiento. La composición del Gobierno Provisional era la siguiente: Primer Ministro: coronel K. Skirpa; Ministro de Asuntos Exteriores: R. Skipitis; Ministro del Interior: V. Nasevicius; Ministro de Educación: J. Ambrazevicius; Ministro de Defensa Nacional: general St. Rastikis; Ministro de Agricultura: B. Vitkus; Ministro de Finanzas: J. Matulioni; Ministro de Trabajo: Dr. J. Pajaujis; Ministro de Industria: Dr. A. Damusis; Ministro de Asuntos Municipales: V. Zemkalnis-Landsbergis; Ministro de Comercio: V. Statkus; Ministro de Control: Vainauskas. La primera reunión del Gobierno Provisional tuvo lugar el 24 de junio, aunque, no todos los ministros designados pudieron asistir. Los de Comercio e Interior habían sido arrestados y deportados por los bolcheviques y los de Finanzas, Trabajo y Agricultura se encontraban en territorio ocupado por los soviéticos. Los de Exteriores, Defensa y el propio Primer Ministro seguían en Berlín. Era necesario asumir el liderazgo con urgencia, por lo que las funciones del coronel K. Skirpa fueron asumidas inmediatamente por el ministro de Educación, Juozas Ambrazevicius, quien ejerció como primer ministro durante toda la duración del Gobierno Provisional. Hubo que declarar inválidas las leyes soviéticas y restaurar las leyes vigentes en Lituania antes de la ocupación bolchevique. También comenzaron a emitirse decretos y ordenanzas en prácticamente todos los ámbitos de la vida, reestableciendo el orden de los antiguos tribunales lituanos, anulando la nacionalización y la colectivización y restaurando la propiedad y la iniciativa privada, recuperando la propiedad de la tierra, las viviendas, el capital y las empresas. El 17 de julio de 1941, Hitler establecía un ministerio para los territorios ocupados del Este, con Alfred Rosenberg a la cabeza. El Dr. Adrian von Renteln, fue designado Comisario General de Lituania. De esta manera, tras seis semanas de trabajo, las actividades del Gobierno Provisional finalizaron. Es cierto que von Renteln intentó que muchos de los miembros del Gobierno Provisional se quedaran como consejeros, pero fue en vano. El 5 de agosto, el Gobierno Provisional celebró su última reunión y fue disuelto.

Poco después, el Partido Nacionalista Lituano, formado durante la guerra y que creía en la posibilidad de cooperación con los alemanes, también fue proscrito.

En los primeros días de la guerra, comenzaron los ajustes de cuentas. Personas que habían colaborado con los comunistas en mayor o menor medida, fueron asesinadas o entregadas a los alemanes sin juicio. Cientos de lituanos murieron en aquellos días,

Oficiales y tropa del Cuerpo Territorial de Lituania, levantados en armas contra los rusos los primeros días de «Barbarroja». La formación está delante de la Catedral de Vilna, de estilo neoclásico. Los uniformes corresponden a los empleados por el ejército lituano previamente a la ocupación soviética de 1940.

Prisioneros de guerra rusos en la ciudad lituana de Vilna, custodiados por tropas alemanas.

pero los más afectados fueron los judíos. Miles de ellos murieron en las primeras semanas de la guerra. Los líderes del levantamiento o el Gobierno Provisional no ordenaron represiones arbitrarias ni el asesinato de personas desarmadas, pero no tenían la capacidad de controlar a todas las unidades rebeldes, algunas de las cuales actuaron a su propia discreción, a veces siguiendo «consejos» de colaboradores de los servicios especiales alemanes.

El 28 de julio de 1941, el Comisario alemán para Lituania, Dr. Adrian von Renteln, formaría una administración civil lituana paralela al Gobierno Provisional, bajo el mando del general lituano Petras Kubiliunas, dividiendo el territorio de Lituania en seis distritos: Kaunas-ciudad, Kaunas-región, Panevezys, Siaulai, Vilna-ciudad y Vilna-región.

DR. ADRIAN VON RENTELN, COMISARIO GENERAL DE LITUANIA

Theodor Adrian von Renteln nació el 15 de septiembre de 1897 en Khodzi (Imperio ruso). Alemán báltico, estudió en Riga y en la ciudad estonia de Tartu. Tras la Primera Guerra Mundial, estudió economía y derecho en Berlín y Rostock, doctorándose en 1924. Tras finalizar sus estudios, trabajó como periodista hasta 1929. En 1928, se unió al Partido Nacional-Socialista (NSDAP), dirigió la Liga de Alumnos y la Liga de Estudiantes, y por un corto espacio de tiempo fue líder de las Juventudes Hitlerianas (1931-1932). Entre 1932 y 1933, fundó y dirigió la Liga de Combate de la Pequeña y Mediana Empresa, y entre 1933 y 1935, fue presidente de la Cámara de Industria y Comercio Alemana. En sus funciones, von Renteln desempeñó un papel cla-

ve en la organización de campañas contra los comerciantes y grandes almacenes judíos en el Reich. Como experto del Partido en estructuras organizativas de tamaño medio y debido a su origen báltico-germánico, fue nombrado Comisario General de la Administración Civil en Lituania, encuadrado en el *Reichskommissariat Ostland*, convirtiéndose así en la máxima autoridad de ocupación en Lituania, con sede en Kaunas. En agosto de 1941 ordenó el establecimiento de los guetos en Lituania. En 1943, siguiendo una orden de Himmler, se liquidaron los guetos lituanos y se deportó a más de 20 000 judíos a campos de trabajo y concentración. Al finalizar la guerra, fue capturado por los rusos, juzgado y ahorcado en 1946.

EL PARTIDO NACIONALISTA LITUANO: LOS VOLDEMARISTAS

El 6 de mayo de 1934, miembros de la organización paramilitar secreta «Lobo de Hierro» –opositores al presidente Smetona y seguidores del antiguo primer ministro Agustinas Voldemaras– fundaron el Partido Nacionalista Lituano en Kaunas. El registro oficial del partido no se produjo hasta el 28 de junio de 1941, tras el ataque alemán a la URSS, y dicho registro tuvo lugar en Kaunas. A los miembros del partido también se les conoció como los «Voldemaristas», o seguidores del Agustinas Voldemaras, aunque su líder estaba prisionero en la URSS desde 1940. Los «Voldemaristas»

Agustinas Voldemaras

actuaron en colaboración con las autoridades de ocupación alemanas y participaron en la organización del Batallón Nacional de Protección Laboral (TDA). Tomaron parte en el fusilamiento de judíos en Kaunas y acordaron no plantear la cuestión de la independencia de Lituania hasta el final de la guerra. En la noche del 23 al 24 de julio de 1941, con la aprobación de las SS, los «Voldemaristas» dieron un golpe de estado contra el Gobierno Provisional lituano y la Oficina del Comandante Militar de Kaunas. El Gobierno Provisional no se vería afectado, pero el capitán Stasys Kviecinskas fue nombrado Comandante Militar de Kaunas en lugar de Jurgis Bobelis y el major Kazys Simkus fue nombrado jefe del Batallón TDA, en lugar del coronel Andrius Butkunas. Pronto, otro miembro del partido, Vytautas Reivytis fue nombrado Jefe de la Policía de Seguridad Lituana. Por lo tanto, el Partido Nacionalista Lituano manejó todos los resortes de las instituciones militares y policiales lituanas y, más tarde,

los de la prensa del Frente de Activistas Lituanos (FAL). Hay que decir que el partido era profundamente antisemita y consensuó con los alemanes la implantación de los guetos judíos en distintos lugares de Lituania. Uno de los más prominentes miembros del partido era el general Petras Kubiliunas, al que Von Renteln nombró máxima autoridad de la administración civil lituana colaboracionista. En un acto público, Kubiliunas agradeció al *Führer* Adolf Hitler haber liberado a Lituania del terror del comunismo judío. El 17 de diciembre de 1941, tras denunciar la discriminación de los lituanos y el aumento de la censura, y solicitar la independencia de Lituania, el Partido Nacionalista de Lituania fue prohibido por las autoridades germanas. El general Kubiliunas, como Primer Consejero General de la Administración lituana de ocupación, participó el 5 de abril de 1943 en una reunión celebrada en Kaunas, en la que se adoptaron resoluciones favorables a los ocupantes alemanes, obligando a los lituanos a colaborar con el esfuerzo de guerra teutón, bien en sus estructuras laborales, bien en sus estructuras militares, dejando el asunto de la independencia de Lituania aparcado para cuando finalizara la guerra. El Partido Nacionalista Lituano tuvo un representante en el llamado Comité Supremo para la Liberación de Lituania (VLIK) –fundado el 25 de diciembre de 1943 en Kaunas–, aunque por indicación de la Inteligencia británica fue expulsado en febrero de 1946. Sus actividades en pro de la independencia de Lituania se prolongaron en el tiempo, desde los EE.UU. de América.

General Petras Kubiliunas

LAS UNIDADES DE POLICÍA LITUANAS

Las primeras unidades de autodefensa lituanas comenzaron a formarse, con el permiso de los alemanes, con soldados lituanos del 29.º Cuerpo Territorial de Fusileros que se enfrentaron a los rusos y permanecieron en Lituania y también con partisanos que operaron contra los soviéticos en los primeros días de la guerra. Las autoridades lituanas del Gobierno Provisional pensaban en estas unidades como embrión del futuro ejército de la Lituania independiente que ansiaban.

Los días 23 y 24 de junio, después de la ocupación del campo de entrenamiento de Varena, se formó un batallón con soldados de la 184.ª División lituana que se encontraban allí, con el fin de proteger el tramo ferroviario Vilna-Varena. Este batallón se denominó «Batallón de Protección Ferroviaria» y contó con 330 hombres al mando del capitán Vincas Ruseckas. Durante un tiempo sería el 5.º Batallón organizado en la región de Vilna, aunque en julio de 1942 cambiaría de numeración, pasando a ser el 6.º Batallón, aunque sus misiones serían las mismas que en su fundación.

El 4 de julio de 1941 se formaba en Kaunas la primera unidad armada de esta ciudad, el denominado «Batallón

Arriba. Soldados lituanos prisioneros en el campo de instrucción de Varena en junio de 1941. La mayoría se integró en unidades auxiliares de policía.

Abajo. El capitán Vincas Ruseckas fue el primer oficial en mandar un batallón lituano formado después de la Operación «Barbarroja».

31

Nacional de Protección del Trabajo» (*Tautinio Darbo Apsaugos* –TDA–), con más de 700 hombres, que llevaban un brazalete blanco con dicho acrónimo (TDA). Su primer jefe fue el coronel Andrius Butkunas y su objetivo inicial era proteger lugares estratégicos de la ciudad, mantener el orden y custodiar a los prisioneros soviéticos, aunque además de estos menesteres, alguna de sus compañías estuvo implicada en ejecuciones extrajudiciales de enemigos políticos y judíos en las primeras semanas del conflicto.

El 7 de agosto de ese mismo año, tras la disolución del Gobierno Provisional, las autoridades germanas ordenaron que el batallón TDA, que en aquel momento disponía de siete compañías y más de 1500 hombres, se reorganizara en dos batallones de policía auxiliar o *Hilfspolizei* (en lituano: *Pagalbinės Policijos Tarnyba* –PPT–), que pasarían a denominarse 1.er y 2.º Batallón de Defensa de Kaunas. Una semana más tarde se formaría un tercer batallón PPT con la séptima compañía del batallón TDA y dos compañías más de voluntarios. Además, en la ciudad de Kaunas se formaron tres compañías independientes, una de ellas de transporte, otra de construcción y otra de automóviles. Entre septiembre y noviembre de 1941, en Kaunas se formarían otros tres batallones más y varias compañías independientes, incluyendo también una banda de música.

En el mes de julio de 1941, cuando los soldados de las divisiones de fusileros 184.ª y 179.ª que se encontraban en el campo de entrenamiento de Pabrade regresaron a Vilna, comenzó la formación de unidades de policía auxiliar en la capital lituana. El 14 de julio, el jefe de la guarnición militar de Vilna, el teniente coronel Antanas Spokevicius, fue informado de que todos los soldados lituanos estaban subordinados al comandante militar alemán y se le ordenó formar tres batallones de cuatro compañías cada uno, con una dotación total por batallón de unos 540 hombres. Estos batallones se integra-

Arriba. El coronel Butkunas, fue nombrado jefe de la primera unidad armada lituana autorizada por los alemanes, a principios de julio de 1941.

Página siguiente, abajo. El *Brigadeführer* de las SS Lucian Wysocki, mayor general de la policía del *Generalbezirkl* de Lituania (*Ostland*), se dirige a los soldados de uno de los batallones de autodefensa lituanos en 1941.

UNIDADES POLICIALES ORGANIZADAS EN LA REGIÓN DE VILNA

En julio se organizaron en Vilna tres batallones con tropas de las antiguas divisiones de fusileros lituanos, integradas hasta entonces en el Ejército Rojo. Para agruparlas se creó un cuartel general, con sus secciones y oficinas correspondientes. Además, se había formado los últimos días de junio un batallón de protección ferroviaria. Hay que contar también la organización de un batallón de autodefensa en Grodno, una compañía de autodefensa en Lida y otra en Molodechno, unidades de autodefensa tipo sección en Varéna, Asmena y Trakai, y otras pequeñas unidades asignadas a los campos de prisioneros de guerra de Alytus y Vilna, con aproximadamente 3100 efectivos.

ron en el denominado «Servicio de Reconstrucción de Vilna» (*Vilniaus Atstatymo Tarnybos* –VAT–), siendo el primero «de Seguridad», el segundo «de Orden» y el tercero «de Trabajo». En días posteriores la orden de formación se amplió a un cuarto batallón, formándose asímismo algunas pequeñas unidades tipo compañía o sección en varias localidades de la región de Vilna.

Izquierda. El teniente coronel Antanas Spokevicius, jefe de la guarnición de Vilna, fue el encargado de la formación de los batallones lituanos. En agosto de 1941 fue nombrado jefe de la unidad que agrupaba los batallones del Servicio de Reconstrucción de Vilna.

Derecha. El teniente coronel Karolis Davulevicius. Sería nombrado jefe de Estado Mayor del «Servicio de Reconstrucción de Vilna».

Durante algún tiempo, el estatus de estos cuatro batallones no estuvo del todo claro, pues realizaban funciones de seguridad, tanto policial como militar, así como reparaciones y construcciones. Se asignó un oficial alemán y varios suboficiales y tropa a cada uno de estos batallones.

Como parte del «Servicio de Reconstrucción de Vilna», también se formó el denominado Batallón «*Grodno*» en la segunda quincena de julio, el cual sería denominado, posteriormente, 15.º Batallón de Autodefensa de Lituania, cuyos miembros eran todos ellos oficiales, suboficiales, cadetes y soldados lituanos. Este fue el primer batallón lituano de autodefensa que abandonó Vilna, el 26 de julio de 1941, dirigiéndose a la ciudad de Grodno (entonces parte de Polonia, y hoy de Bielorrusia); de ahí su nombre.

UNIDADES DE AUTODEFENSA LITUANAS CREADAS EN 1941

UNIDAD	ORGANIZADA	TRANSFORMADA EN:	FECHA
REGIÓN DE VILNA			
Bón. Protección Ferroviaria	Junio 1941	5.º Batallón (VAT)	Noviembre 1941
Batallón de Seguridad	Julio 1941	1.er Batallón (VAT)	Agosto 1941
Batallón de Orden	Julio 1941	2.º Batallón (VAT)	Agosto 1941
Batallón de Trabajo	Julio 1941	3.er Batallón (VAT)	Agosto 1941
4.º Batallón (VAT)	Septiembre 1941		
Batallón «Grodno»	Julio 1941		
Otras unidades menores	Julio-sept. 1941		
REGIÓN DE KAUNAS			
Batallón TDA	Junio 1941	1.er Batallón (PPT)	Agosto 1941
		2.º Batallón (PPT)	Agosto 1941
		3.er Batallón (PPT)	Agosto 1941
Compañía Transporte	Septiembre 1941		
Compañía de Construcción	Agosto 1941		
Compañía de Automóviles	Septiembre 1941		
Compañía Técnica	Noviembre 1941		
4.º Batallón (PPT)	Agosto 1941		
5.º Batallón (PPT)	Agosto 1941		
6.º Batallón (PPT)	Noviembre 1941		
REGIÓN DE PANEVEZYS			
1.ª Compañía de Policía	Agosto 1941	1.er Batallón	Otoño 1941
REGIÓN DE SIAULIAI			
1.ª Compañía de Policía	Agosto 1941	1.er Batallón	Otoño 1941

TDA: *Tautinio Darbo Apsaugos* (Protección Nacional del Trabajo)
VAT: *Vilniaus Atstatymo Tarnybos* (Servicio de Reconstrucción de Vilna)
PPT: *Pagalbinés Policijos Tarnyba* (Servicio Auxiliar de Policía)

Desde el 8 de agosto, fecha en que las SS y la policía alemanas asumieron el mando de las unidades lituanas, todos estos batallones se denominaron «Unidades de Autodefensa Lituanas». Ya a partir de noviembre de 1941, las unidades formadas en *Ostland* serían reconvertidas en batallones, denominados «*Schuma*», como veremos a continuación.

El *major* A. Engelis, de la policía de seguridad alemana fue designado para dirigir la policía del orden (*Ordnungspolizei*) y sus organizaciones auxiliares en la región de Vilna. El teniente coronel lituano, Antanas Spokevicius, fue nombrado jefe de la unidad que agrupaba los cuatro batallones y el teniente coronel, Karolis Dabulevicius, se convirtió en su jefe del Estado Mayor.

Arriba. Un policía lituano del Batallón TDA de Kaunas, de guardia ante la comandancia militar alemana en la capital lituana. Como se puede observar, lleva uniforme del antiguo ejército lituano y un brazalete blanco con la inscripción T.D.A..

Abajo. Policías Auxiliares lituanos con el uniforme del ejército previo a la invasión soviética de 1940. Uno de ellos lleva brazalete con la inscripción «Hilfspolizei» y el número correspondiente a dicho policía.

Hasta el 31 de octubre de 1941 se habían formado en Vilna cinco batallones de autodefensa; de ellos el 2.º Batallón, formado por 500 hombres, y el 3.er Batallón, con 600 hombres, estaban preparados y aguardaban la orden alemana de salir de Lituania para llevar a cabo funciones de protección o combate. El 5.º Batallón de autodefensa de Vilna (300 hombres) se dedicaba desde su creación a la protección ferroviaria en dos tramos de vías: Vilnius–Daugavpils y Vilnius–Molodechno. El 1.º Batallón desempeñó funciones policiales en la ciudad de Vilna durante toda la guerra.

Por orden de 1 de noviembre de 1941, del jefe de policía y de las SS alemanas, Heinrich Himmler, a partir del 6 de ese mismo mes toda la policía de las regiones orientales ocupadas, en las que servían los residentes locales, fue incluida en el Servicio de Protección de la Policía de Orden (*Schutzmannschaft der Ordnungspolizei*, abreviado «*Schuma*»).

Las unidades *Schutzmannschaft* se diferenciarían entre sí por los objetivos que se les asignaran y la naturaleza de sus actividades. Así, los batallones *Schutzmannschaft* podían ser: de campaña (identificados con la letra F–*Front*); de guardia o vigilancia (W–*Wacht*); de zapadores (P–*Pioner* o B–*Baupioner*) o de instrucción y depósito (E–*Ersatz*). Cada batallón debía de tener cuatro compañías de cuatro secciones cada una. Las secciones tendrían tres pelotones y cada pelotón, 10 hombres.

Inicialmente, la mayoría de estos batallones estaban equipados con armas capturadas a los rusos y uniformes lituanos anteriores a la ocupación soviética. Pasado el tiempo, la situación mejoró en el suministro de armamento –aunque nunca se resolvió del todo– y en el uso de uniformes alemanes, bien del *Heer*, bien de la policía, aunque hay que decir que la uniformidad de los batallones lituanos fue muy variopinta hasta el final de la guerra.

El 25 de noviembre de 1941, el *Oberkomando der Heer* (OKH) reguló el estatus y los nombres de las unidades de protección (o defensa) lituanas, letonas y estonias, operativamente subordinadas a la policía, y de los grupos de seguridad, integrados en la *Wehrmacht*:

Batallones «Schuma» lituanos operativos en 1941

Unidad	Transformada en:	Fecha
1.er Batallón VAT (Vilna)	1.er (F) «*Schuma*» Bataillon	Julio 1942
2.º Batallón VAT (Vilna)	2.º (W) «*Schuma*» Bataillon	Marzo 1942
3.er Batallón VAT (Vilna)	3.er (W) «*Schuma*» Bataillon	Marzo 1942
4.º Batallón VAT (Vilna)	4.º (F) «*Schuma*» Bataillon	Marzo 1942
5.º Batallón VAT (Vilna)	6.º (W) «*Schuma*» Bataillon	Noviembre 1941
Batallón «Grodno»	15.º (F) «*Schuma*» Bataillon	Julio 1942
1.er Batallón PPT (Kaunas)	13.º (F) «*Schuma*» Bataillon	Marzo 1942
2.º Batallón PPT (Kaunas)	12.º (F) «*Schuma*» Bataillon	Julio 1942
3.er Batallón PPT (Kaunas)	11.º (W) «*Schuma*» Bataillon	Marzo 1942
4.º Batallón PPT (Kaunas)	7.º (F) «*Schuma*» Bataillon	Marzo 1942
5.º Batallón PPT (Kaunas)	5.º (F) «*Schuma*» Bataillon	Noviembre 1941
6.º Batallón PPT (Kaunas)	8.º (F) «*Schuma*» Bataillon	Marzo 1942
Compañía de Transporte Compañía de Construcción Compañía de Automóviles Compañía Técnica	9.º (W) «*Schuma*» Bataillon	Julio 1942
1.er Batallón (Panevezys)	10.º (W) «*Schuma*» Bataillon	Julio 1942
1.er Batallón (Siauliai)	14.º (W) «*Schuma*» Bataillon	Julio 1942

1. Las unidades lituanas, letonas y estonias formadas por el comandante de la retaguardia de los Ejércitos nº 16 y 18 y el Grupo de Ejércitos Norte deben estar subordinadas como unidades policiales auxiliares al jefe superior de las SS y de la policía del Grupo de Ejércitos Norte en términos de personal, competencia judicial y cuestiones disciplinarias. En operaciones y en cuestiones de mantenimiento, están subordinados a los ejércitos o al comandante de la retaguardia del Grupo de Ejércitos Norte.

Arriba. Insignia nacional de brazo usada en las unidades policiales lituanas.

Abajo. Autoridades alemanas de ocupación pasan revista a uno de los batallones de policía lituanos formados en la región de Vilna. Los hombres visten uniformes del ejército lituano de entreguerras.

Arriba. Dos policías lituanos con el uniforme alemán, sin hombreras ni distintivos en el cuello, aunque ambos llevan el emblema de nacionalidad en el brazo e insignias del antiguo ejército lituano en los gorrillos (*Feldmütze M-34*).

Abajo. Soldados lituanos de un batallón de policía. Convivieron uniformes alemanes y lituanos de preguerra, junto a innumerables prendas civiles.

2. Las unidades de policía auxiliares se denominan *Sicherungs-Abteilungen* (grupos de seguridad) en los ejércitos, y *Schutzmannschafts-Abteilungen* (grupos de protección) o *Schutzmannschaft* en la retaguardia, a las órdenes del comandante del Grupo de Ejércitos Norte cuando están empleadas en el servicio de policía o de guardia. Para distinguir los grupos de seguridad y los de protección se añade el origen nacional y el número o lugar de formación.

A principios de noviembre de 1941, se decidió numerar las unidades *Schutzmannschaft* («*Schuma*») formadas en Lituania (*Ostland*), reservándose, inicialmente, los numerales comprendidos entre el «1» y el «15», aunque pasado el tiempo, con la incorporación de nuevos batallones, se ampliaron y se pasó a dígitos de tres cifras, reservando para las unidades lituanas los numerales comprendidos entre el «250» y el «259» y entre el «301» y el «313».

Dicha numeración comenzaría a unificarse entre las unidades formadas en las regiones de Vilna y Kaunas, junto a las de Siauliai y Panevecys, los primeros meses de 1942.

El 15 de febrero de 1942, se asignó la siguiente numeración a los batallones de la región de Kaunas: 5.º (antiguo 5.º Batallón PPT); 7.º (antiguo 4.º Batallón PPT); 8.º (antiguo 6.º Batallón PPT); 9.º (formado por antiguas compañías independientes de transporte, técnica y construcción, una compañía de automóviles, una compañía de representación y una banda de música); 11.º (antiguo 3.er Batallón PPT); 12.º (antiguo 2.º Batallón PPT) y 13.º (antiguo 1.er Batallón PPT).

En la misma fecha, los batallones 1.º a 4.º de la región de Vilna mantuvieron los mismos números, el 5.º Batallón de Protección Ferroviaria pasó a ostentar el número 6 y el antiguo Batallón «*Grodno*» se convirtió en el 15.º Batallón.

Batallones «Schuma» operativos en 1942

Unidad	Desde	Vicisitudes
1.er (F) «*Schuma*» *Bataillon*	Julio 1942	Disuelto otoño 1944
2.º (W) «*Schuma*» *Bataillon*	Marzo 1942	Julio 1944, , integrado en 1º Regimiento Policía Lit.
3.er (W) «*Schuma*» *Bataillon*	Marzo 1942	Disuelto septiembre 1944
4.º (F) «*Schuma*» *Bataillon*	Marzo 1942	Disuelto diciembre 1943
5.º (F) «*Schuma*» *Bataillon*	Nov. 1941	Disuelto marzo 1945. Bolsa Curlandia
6.º (W) «*Schuma*» *Bataillon*	Nov. 1941	Disuelto fecha desconocida 1944
7.º (F) «*Schuma*» *Bataillon*	Marzo 1942	Disuelto enero 1944. Restos a 13º, 253º y 257º B.
8.º (F) «*Schuma*» *Bataillon*	Marzo 1942	Disuelto noviembre 1943
9.º (W) «*Schuma*» *Bataillon*	Julio 1942	Julio 1944, integrado en 1º Regimiento Policía Lit.
10.º (W) «*Schuma*» *Bataillon*	Julio 1942	Disuelto enero 1943. Integrado en el 14º Batallón
11.º (W) «*Schuma*» *Bataillon*	Marzo 1942	Disuelto otoño 1943
12.º (F) «*Schuma*» *Bataillon*	Julio 1942	Integrado en el 15º Batallón, febrero 1944
13.º (F) «*Schuma*» *Bataillon*	Marzo 1942	Capituló el 9 de mayo 1945. Bolsa de Curlandia
14.º (F) «*Schuma*» *Bataillon*	Julio 1942	Disuelto verano 1944
15.º (F) «*Schuma*» *Bataillon*	Marzo 1942	Disuelto julio 1944
250.º (F) «*Schuma*» *Bataillon*	Mayo 1942	-
251.º (W) «*Schuma*» *Bataillon*	Julio 1942	-
252.º (E) «*Schuma*» *Bataillon*	Julio 1942	-
254.º (E) «*Schuma*» *Bataillon*	Junio 1942	Marzo 1944 retirado a Lituania
255.º (F) «*Schuma*» *Bataillon*	Sept. 1942	-

Se llegarían a formar otros 11 batallones lituanos más, cinco de ellos en 1942, cuatro en 1943 y, únicamente dos, en 1944, estos últimos principalmente por movilización forzosa.

A partir de mayo de 1943, los batallones *Schuma* que todavía estaban operativos y todos los que se formaron desde entonces, fueron renombrados como «*Polizei-Bataillon*», manteniendo las mismas funciones que habían venido desempeñando hasta entonces.

En total, entre 15 000 y 20 000 lituanos sirvieron en 26 batallones independientes de policía organizados a lo largo del conflicto. Hasta el final de la guerra, los batallones de policía siguieron siendo la formación policial-militar lituana más numerosa y permanente, desempeñando con mayor frecuencia la función de proteger la retaguardia alemana (ferrocarriles, puentes, fábricas,

BATALLONES «SCHUMA» Y POLICÍA CREADOS EN 1943 Y 1944

UNIDAD	ORGANIZADA	VICISITUDES
10.º (F) «*Schuma*» *Bataillon*	Marzo 1943	En agosto 1943 se transforma en 256º
253.º (E) «*Schuma*» *Bataillon*	Mayo 1943	Julio 1944, integra 1º Reg. Policía Lit.
256.º (E) *Polizei Bataillon*	Agosto 1943	Capituló mayo 1945. Bolsa Curlandia
257.º (F) *Polizei Bataillon*	Octubre 1943	Julio 1944, integra 1º Reg. Policía Lit.
258.º (E) *Polizei Bataillon*	Abril 1944	Disuelto julio 1944
259.º (E) *Polizei Bataillon*	Abril 1944	Disuelto julio 1944
Polizei Bataillon «*Lituania*»	Octubre 1943	Disuelto diciembre 1944

Página anterior, abajo. Retrato de un policía lituano de las unidades *Schuma*. Lleva uniforme de la policía alemana con guerrera mod. 35 y emblema nacional.

Abajo. Hombres del 10.º Batallón *Schuma* formado en marzo de 1943, en el frente de Novgorod (Lago Ilmen), donde habían estado los españoles de la División Azul un año antes.

almacenes militares, campos de prisioneros de guerra) y luchar contra los partisanos soviéticos.

Unos 500 soldados de los batallones de policía lituanos murieron en combates y accidentes, lo cual no supone una cifra muy elevada, ni un porcentaje que de pie a asociar a estas unidades una elevada combatividad. Se desconoce el número de policías heridos y desaparecidos. Entre 1943 y 1944, el número de soldados de los batallones de policía comenzó a disminuir drásticamente debido a las deserciones masivas que se produjeron en numerosos batallones lituanos.

Arriba. La mayoría de los batallones de policía lituanos que estuvieron en la retaguardia del Grupo de Ejércitos Norte, tuvieron entre sus misiones, el control y seguridad de las vías férreas, principal medio de comunicación empleado en la campaña. Uno de los batallones lituanos, el 6.º (formado en Vilna como 5.º Batallón) estuvo especializado en este menester.

Abajo. Lituania era un país católico, como Polonia. Por eso, las unidades militares y policiales, disponían de su propio capellán, que acudía con ellas a los lugares donde desplegaban, oficiaba misa y servía de consejero espiritual de sus miembros. En las dos imágnes, el sacerdote Zenonas Ignatavicius, capellán del 12.º Batallon «*Schuma*» (luego Batallón de Policía) lituano. Esta unidad se fusionó con el 15.º Batallón de Policía en febrero de 1944.

Durante este lapso temporal, no menos de 3000 soldados lituanos abandonaron voluntariamente los batallones, algunos de los cuales se desangraron, literalmente, debido a dichas deserciones.

Por lo menos dos de los batallones de policía lituanos estuvieron involucrados directamente en crímenes de guerra contra la población judía y partisanos, siendo algunos más los que tuvieron algún episodio relacionado con dichos crímenes, como vigilancia de ghetos o campos de concentración, transporte de presos, violencia puntual, etc...

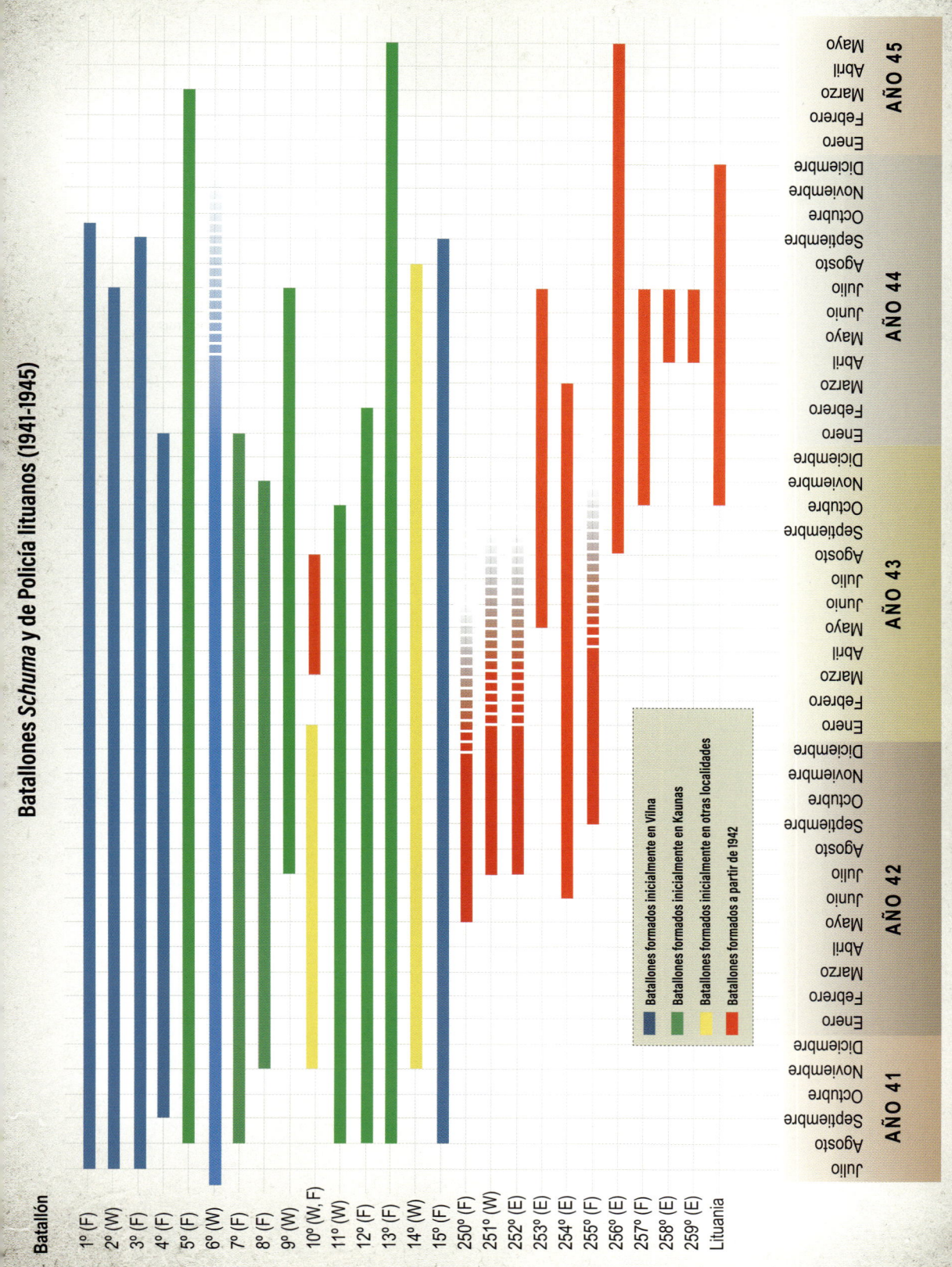

Batallones *Schuma* y de Policía lituanos (1941-1945)

Un policía lituano al servicio de los ocupantes alemanes, traslada a un grupo de judíos lituanos.

Para el otoño de 1944, no quedaba ningún batallón de policía lituano en Lituania. En el verano de ese año, los batallones lituanos que aún operaban en Bielorrusia y Lituania se retiraron a Alemania y allí, principalmente en Prusia Oriental, fueron disueltos y distribuidos entre diversas unidades militares y policiales alemanas (principalmente de defensa antiaérea). La mayoría de los soldados de los batallones lituanos disueltos permanecieron sirviendo en Alemania hasta el final de la guerra, pero también hubo quienes fueron enviados a Yugoslavia, Italia y otros países europeos ocupados, como parte de unidades alemanas.

EL BATALLÓN DE POLICÍA «LITUANIA»

Empezó a organizarse este atípico batallón «sin número» el 10 de octubre de 1943, con lituanos que, voluntariamente habían formado parte del Servicio del Trabajo del Reich (*Reichsarbeitsdienst, RAD*) en Alemania. En febrero de 1944 los cadetes prestaron juramento en una plaza cercana al cuartel donde se entrenaban, sito en Prienai, en el condado de Kaunas, a orillas del río Niemen. Se interpretaron los himnos alemán y lituano y se izaron las banderas de ambos países, presidiendo el acto militar el coronel alemán jefe de la Policía de Kaunas. Las misiones del batallón fueron similares a las del resto, custodiando la carretera Kaunas-Alytus, capturando desertores y realizando operaciones antipartisanas de retaguardia en las áreas de Panevezys, Vilna y Trakai. A finales de julio de 1944, tras el final de una operación en la región de Vilna, fue trasladado a Daugavpils (Letonia), donde custodió el aerodromo y va-

rios puentes de la ciudad, y realizó fortificaciones. A medida que avanzaba el frente, los lituanos fueron enviados a la ciudad de Slvoka, al oeste de Riga, logrando destruir las instalaciones del aeródromo de Daugavpils antes de su traslado. Durante el verano, los lituanos participaron en varias batallas contra los rusos en tierras letonas, retirándose hasta Liepaja. A mediados de octubre, el batallón fue transportado por vía marítima hasta Danzig, donde en diciembre de ese año, se disolvería. Los 120 hombres supervivientes del batallón fueron integrados en varias unidades de policía alemanas, y a principios de 1945 fueron enviados a Yugoslavia a combatir contra los partisanos de Tito. En marzo de 1945, los supervivientes lituanos fueron enviados a las cercanías de Berlín a combatir al Ejército Rojo, formando parte del 14.º Regimiento de Policía alemana, participando en las batallas de Guben, Taubendorf y Lüben.

Coronel Jonas Semaska. Cruz de Hierro de 1ª Clase

Nació el 24 de noviembre de 1907 en Naujadvaris En 1930 se graduó de la Escuela Militar de Kaunas, sirviendo en el Ejército lituano. En 1937 ascendió a capitán. En 1940, tras la ocupación soviética de Lituania y el inicio de la liquidación del ejército, fue jefe de compañía del 234.º Regimiento, integrado en la 179.ª División del 29.º Cuerpo Territorial de Fusileros. En agosto de 1941 fue jefe de compañía en el 4.º Batallón de Autodefensa de Kaunas, luego renumerado 7.º Batallón «*Schuma*», unidad que mandó a partir del 25 de octubre

de 1942. El batallón lituano fue transferido al frente, integrado en el Grupo de Ejércitos «B» de la *Wehrmacht* (*Heeresgruppe B*), en la zona de Stalingrado. Tras recibir la aprobación del Jefe de Estado Mayor, general Schmidt, el batallón liderado por Semaska rompió el cerco y logró escapar de la ciudad soviética, regresando a la ciudad lituana de Alytus para descansar. En enero de 1944, tras la disolución del 7.º Batallón de Policía fue nombrado comandante del 13.º Batallón, y enviado con su nueva unidad al Frente Oriental, participó en combates contra el Ejército Rojo en el lago Ilmen, Pskov y Velikie Luka, resultando herido dos veces. El 1 de julio de 1944 fue ascendido a mayor, retirándose con el ejército alemán de Pskov a Letonia, siendo copado con su unidad en la península de Curlandia, donde luchó valientemente hasta el 8 de mayo de 1945. Tras la capitulación de Alemania, no se rindió ante el Ejército Rojo y regresó a Lituania, estableciendo contacto con los partisanos de Samogitia. Desde el 1 de agosto de 1945 dirigió el equipo «Satrija» del llamado Ejército de Liberación de Lituania. En abril de 1946 fue arrestado por los ocupantes soviéticos en Telsiai y el 13 de octubre de ese mismo año, condenado a muerte por el tribunal militar de la guarnición de Vilna. El 21 de enero de 1947, Jonas Semaska fue fusilado en Vilna. Su esposa Elena y su hijo Alvydas fueron deportados al distrito de Nizhny Ingas del territorio de Krasnoyarsk en 1948. El 22 de mayo de 1998, por decreto del Presidente de la República de Lituania, se le concedió el grado de coronel (a título póstumo). Fue condecorado con la Orden de Gediminas, 4º grado (1939), la Gran Cruz de Comendador de la Orden de la Cruz de Vytis (póstumamente en 1998). En el ejército alemán obtuvo la Cruz al Mérito de Guerra de 2º clase con espadas (1943), la Cruz de Hierro de 2ª Clase (1944) y la de 1ª Clase (1945), así como el distintivo de Herido (1944).

La excepción fueron los batallones de policía lituanos 5.º, 13.º y 256.º, rodeados por los soviéticos en la península de Curlandia (Letonia); dos de ellos permanecieron como tales batallones hasta la capitulación de Alemania en mayo de 1945; el 5.º se disolvió en marzo

EL 256.º BATALLÓN DE POLICÍA

En marzo de 1943 se organizó un batallón «*Schuma*» lituano al que se le otorgó el número 10.º, que ya había ostentado otro formado en Panevezys en 1941 y que había sido disuelto a principios de 1943. Este batallón, a las órdenes del capitán Jonas Matulis, se nutrió de hombres de otros batallones y de dos centenares de voluntarios de la fallida Legión SS lituana, que al final no se llegó a formar. En abril de 1943 fue enviado a la región de Novgorod, cerca del lago Ilmen y del Volchov, donde un año antes había estado desplegada la División Española de Voluntarios, la «División Azul». El 13 de agosto de ese mismo año, el 10.º Batallón cambió de denominación, pasando a ser el 256.º *Polizei Bataillon* por orden del jefe de la *Ordnungspolizei* de Lituania, siendo transferido a la *Wehrmacht* el 1 de diciembre de 1943. A principios de 1944, al producirse la gran ofensiva soviética, fue enviado a Ostrov, en la región de Pskov, muy cerca de la frontera con Estonia, donde estuvo combatiendo contra los partisanos hasta marzo de 1944. En esa fecha fue enviado a Kaunas para descansar y recomponerse, volviendo a Pskov en mayo, donde protegió líneas ferroviarias y puentes hasta septiembre. En una retirada durísima, marchó a pie hasta la ciudad letona de Liepaja, a orillas del Báltico, quedando atrapado en la Bolsa de Curlandia. Allí fue empleado como unidad de defensa de costas hasta el 9 de mayo de 1945, que capituló junto al resto de fuerzas. Tras la capitulación, la mayoría de los soldados del 256.º Batallón fueron hechos prisioneros y enviados a campos de concentración, donde fueron interrogados por la NKVD y

posteriormente juzgados por tribunales militares. Algunos soldados del batallón se negaron a rendirse e intentaron escapar en secreto a Lituania o incluso a Suecia. El 10 de mayo de 1945, un grupo de dieciséis hombres llegó a la isla de Gotland en una lancha motora desde Paviluosta (Letonia). Entre ellos se encontraban el comandante del 256.º Batallón, el mayor Ambraziunas, un capitán del mismo batallón, cuatro tenientes, el médico, un sargento, un suboficial y un soldado. Los otros seis eran alemanes. Inicialmente fueron llevados a un campo de internamiento en Gotland. La Embajada Soviética en Suecia se enteró de los 167 bálticos internados en el país y exigió su extradición. El 8 de noviembre de 1945, el gobierno sueco decidió extraditarlos. Enterados los internados de los estados bálticos iniciaron una huelga de hambre de seis días y se negaron a regresar a sus países ocupados por los soviéticos. Tras un memorando al gobierno sueco, que demostró que los lituanos no habían servido en unidades de las SS, el soldado P. Plaskys fue liberado pues era menor de edad. Se desató un acalorado debate en el parlamento y la prensa suecos sobre la decisión del gobierno de deportar a los bálticos. El rey recibió cartas con 100 000 firmas exigiendo la liberación de los bálticos, sin embargo, el gobierno no cambió de decisión. El 26 de enero de 1946, el barco soviético *Astrakhanj* trasladó a los internados bálticos (incluidos nueve lituanos) desde el puerto de Trälleborg a Liepaja. La mayoría de los soldados trasladados fueron encarcelados en campos de concentración y condenados.

Arriba. Los policías lituanos llevaban sobre el uniforme alemán, un emblema en tela con los colores de la bandera lituana, como vemos en la fotografía.

Abajo. El Regimiento de Policía de Lituania nº 1 tuvo una duración efímera, y se organizó a base de cuatro batallones de Policía ya existentes, y en plena retirada ante la avalancha soviética.

de 1945, repartiéndose sus hombres entre los otros dos batallones lituanos presentes en la Bolsa.

Al final de la guerra, muchos de los soldados de los batallones de policía lituanos cayeron prisioneros de los Aliados (Estados Unidos, Gran Bretaña, Francia y la URSS). Los exsoldados lituanos que se encontraron en cautiverio anglosajón fueron liberados rápidamente y posteriormente emigraron a Estados Unidos, Australia y otros países. Los capturados por los soviéticos, fueron condenados a diversas penas y encarcelados en campos de concentración. Dado que Alemania nunca reconoció al Gobierno Provisional Lituano ni acordó concederle a Lituania ni siquiera una independencia parcial, la participación del pueblo lituano en una guerra extranjera del lado alemán (colaboración militar) fue bastante escasa en comparación con Letonia y Estonia.

El Regimiento de Policía de Lituania n.º 1

El 30 de julio de 1944, en plena retirada del Grupo de Ejércitos Norte tras la arrolladora ofensiva soviética iniciada a finales de enero de ese mismo año, cuatro batallones de Policía lituanos se integraron en una efímera unidad formada en Kaunas, denominada Regimiento de Policía de Lituania n.º 1. Se trataba de los batallones 2.º, 9.º, 253.º y 257.º, que estarían al mando, como jefe del regimiento, del teniente coronel Antanas Spokevicius, que había sido jefe de la guarnición de Vilna, y de quien ya hemos hablado anteriormente.

Los hombres del regimiento realizaron todo tipo de fortificaciones entre Kaunas y Prienai y combatieron al Ejército Rojo, aunque pronto, la presión soviética hizo que las unidades que lo componían iniciasen la retirada hacia Prusia Oriental, cruzando la frontera germano-lituana a principios de agosto de 1944.

En la localidad alemana de Tilsit (hoy Sovetsk, en el oblast de Kaliningrado) los policías lituanos de los cuatro batallones que componían el regimiento fueron desarmados, disolviéndose tanto los batallones como el propio regimiento; los suboficiales y la tropa fueron enviados bien a unidades de la *Luftwaffe*, para ejercer labores de tipo auxiliar y de protección de aerodromos, bien a unidades de construcción alemanas, para realizar tareas de reconstrucción de ciudades, acuartelamientos, etc... Los oficiales fueron enviados a Dresde.

Un grupo de lituanos de un batallón de policía posan para el fotógrafo en un lugar indeterminado. Muchas unidades lituanas fueron dotadas de uniformes del *Heer* —mucho más abundantes—, pese a estar encuadradas en la policía.

La fallida Legión SS lituana

La decisión de formar una Legión SS lituana se tomó el 19 de febrero de 1943, cuando el Comisario General alemán para *Ostland*, Hinrich Lohse, envió una orden al Comisario para Lituania, Adrian Theodor von Renteln, para que movilizara a los hombres lituanos tras la derrota de Stalingrado. Comenzó entonces una campaña en la prensa y la radio lituanas, llamando a los nacidos entre 1919 y 1924 a unirse a la nueva «legión» de la *Waffen SS*.

Se organizó en Kaunas un cuartel general especial para la movilización y se establecieron 30 comisiones de reclutamiento en condados y ciudades. El registro comenzó oficialmente el 1 de marzo de 1943, pero pronto –en las dos primeras semanas–, se hizo evidente que la movilización estaba fracasando.

Una de las principales razones del fracaso fue la estricta política antilituana seguida por los ocupantes alemanes: la decisión del gobierno alemán de liquidar la condición de Estado (destituir en agosto de 1941 al Gobierno Provisional) y el desprecio por las aspiraciones lituanas de libertad.

Arriba. Cartel de reclutamiento de jóvenes lituanos para formar la Legión lituana de las *Waffen SS*.

Abajo. Parche de hombro con los colores nacionales lituanos. Este, o alguno muy similar, lo hubieran llevado los lituanos si se hubiera formado la unidad de la Waffen SS.

La resistencia lituana hizo campaña activa en todas sus publicaciones contra el establecimiento de la Legión SS. Uno de los argumentos más importantes era que los lituanos solo podían ser llamados al servicio militar por la Lituania soberana, no por la potencia ocupante, y que debían defender sus intereses nacionales y no convertirse en «carne de cañón» para los ocupantes.

En este asunto, la sociedad lituana mostró una unidad muy fuerte y sin fisuras.

Muchos militares, profesores e incluso sacerdotes se unieron a la oposición pública al establecimiento de la unidad *Waffen SS* lituana. Sin ir más lejos, el obispo Juozapas Skvireckas, pese a los ruegos de las autoridades alemanas, se negó a llamar a los jóvenes desde su púlpito a unirse a las SS. Oficiales de alto rango del antiguo ejército lituano boicotearon las levas y se negaron a mandar la proyectada Legión.

En Kaunas, por ejemplo, donde vivían más de 100 000 personas, solo 77 jóvenes se presentaron ante la comisión, 68 de los cuales fueron declarados no aptos por problemas de salud. La mayoría de los que se inscribieron sabían que no serían aceptados.

El 15 de marzo, ante el fracaso de la movilización, los alemanes decidieron prescindir de la formación de la Legión e iniciaron la represión. Los días 16 y 17 de marzo, 46 lituanos prominentes (incluidos cuatro consejeros generales) fueron arrestados en Vilna, Kaunas, Marijampole y Siauliai y llevados al

Semanario lituano «*Savaitè*», que traducido al español significa «Semana». En los años 40, se hacía eco de las noticias del conflicto europeo y de la participación de los lituanos en las unidades militares y policiales que luchaban en el frente.

campo de concentración de Stutthof. Las universidades de Kaunas y Vilna fueron clausuradas *sine die*.

El 17 de marzo de 1943, los alemanes reconocieron oficialmente el fracaso de la movilización en la Legión lituana de la *Waffen SS* y anunciaron que a partir de entonces, los lituanos solo serían reclutados en batallones de construcción, unidades integradas en el Ejército de Tierra germano (*Heer*).

La formación de esta unidad terminó antes de haber empezado.

De los tres países bálticos –Estonia, Letonia y Lituania–, este último fue el único que no logró movilizar una unidad –ni siquiera una compañía– de la Waffen SS.

Formación del III Batallón de Construcción. Delante, un pequeño jardín con el escudo de Lituania y la inscripción de la unidad.

LOS BATALLONES DE CONSTRUCCIÓN

Denominados en alemán *Litauische Bau-Bataillonen*, los Batallones de Construcción de Lituania fueron unidades auxiliares de zapadores de la *Wehrmacht* durante la Segunda Guerra Mundial.

Los cuatro primeros se organizaron en 1943 y estaban formados, principalmente, por ciudadanos lituanos reclutados, disponiendo de un pequeño núcleo de militares alemanes. Entre 2500 y 3000 hombres sirvieron en estos batallones en los dos años de su existencia. Fueron adscritos a unidades de ingenieros del Grupo de Ejércitos Norte y enviados al Frente del Este, donde construyeron y repararon carreteras, puentes, búnkeres, obstáculos antitanques y otras fortificaciones de carácter militar.

No se trataba de unidades de combate, sino de trabajo (de 2.ª línea) aunque en muchas ocasiones se enfrentaron a partisanos

BATALLONES DE CONSTRUCCIÓN LITUANOS (JUNIO 43-MAYO 45)

Batallón de Construcción	Organizado en:	Disuelto	Observaciones
1.º Batallón (Kaunas)	1943	Junio 1944	Disuelto
2.º Batallón (Panevezys)	1943	Agosto 1944	Disuelto
3.º Batallón (Vilna)	1943	Mayo 1944	Disuelto
4.º Batallón (Panevecys)	1943	Mayo 1945	Se rindió en Curlandia
5.º Batallón (Panevecys)	Noviembre 1944	Enero 1945	Integrado en 13.º y 256.º Policía
6.º Batallón (Panevecys)	Noviembre 1944	Noviembre 1944	Disuelto proceso de formación

soviéticos que atacaron los destacamentos. Algunas veces las formaciones lituanas fueron empleadas por el mando alemán para saquear e incendiar aldeas rusas de acuerdo con las tácticas alemanas de «tierra quemada». Los batallones fueron disueltos y en alguna ocasión absorbidos por otras unidades, en 1944 y 1945.

Se llegaron a organizar cinco *Bau-Bataillonen*, y aunque nominalmente se formó un sexto batallón, parece que nunca se llegó a organizar por completo y se disolvió en pleno proceso de formación. Cada batallón fue enviado oficialmente al frente tras una ceremonia pública en las calles de la ciudad donde se formaba, una jura en la que se decoraba la plaza con banderas lituanas y alemanas, se tocaban marchas militares, el público lanzaba flores y los dirigentes pronunciaban discursos. La prensa elogiaba el esfuerzo conjunto de Lituania y Alemania para combatir el comunismo.

Los batallones de construcción lituanos fueron objeto de noticias en la prensa lituana de la época. En la imagen, una página de la revista *Savaite* de 1943.

Cada batallón se dividió en cuatro compañías: una de transporte (con 200 caballos) y tres de construcción. En total, cada batallón debía tener entre 600 y 700 hombres, pero ninguno de los batallones organizados dispuso de esa plantilla real; solo tuvieron entre 400 y 500 hombres. Inicialmente, los batallones no estaban armados: cada compañía tenía solo 20 fusiles para tareas de guardia y vigilancia. Más tarde, cuando los partisanos soviéticos se volvieron más activos, los batallones recibieron más armas, incluidas ametralladoras ligeras. Los hombres vestían uniformes alemanes con insignias y escarapelas lituanas.

Los batallones tenían varios antiguos oficiales del ejército lituano, formados y experimentados, aunque también había estudiantes de secundaria y otros sin formación ni experiencia militar. Debido a la falta de entrenamiento, los batallones inicialmente eran simples batallones de trabajo y solo más tarde se convirtieron en unidades militares auxiliares de zapadores.

Los batallones tenían en plantilla oficiales y suboficiales alemanes, entre cinco y siete en cada compañía, actuando como plana mayor, siendo realmente los que mandaban la unidad. Los oficiales lituanos siguieron sus órdenes y se ocuparon de los soldados. Estos batallones adolecían de falta de disciplina y moral, estando las deserciones a la orden del día, incluso en el proceso de formación de los batallones, aumentando considerablemente durante los meses de invierno.

LIETUVA

Policía lituano de un batallón *Schutzmannschaft.* (1943)

Soldado lituano encuadrado en las Fuerzas de Defensa Territorial (LVR) del general Plechavicius (1944)

TREU TAPFER GEHORSAM

Soldado lituano auxiliar de Artillería Antiaérea de la Luftwaffe. (1944-45)

Los batallones no se utilizaron en combate, sin embargo, trabajaron en proyectos militares que fueron objeto de sabotajes por parte de partisanos soviéticos. Por lo tanto, las unidades tenían que estar en permanente vigilancia y patrullar los alrededores, enfrentándose ocasionalmente con los partisanos.

A los batallones de construcción lituanos se les asignó armamento defensivo para repeler ataques partisanos o, incluso, del Ejército Rojo.

Se sabe que los hombres del 2.º Batallón fueron emboscados mientras transportaban comida desde Pskov; algunos fueron tomados prisioneros por los partisanos y otros murieron en el enfrentamiento. Los alemanes organizaron una jornada para acabar con estos partisanos, y en dicha operación de castigo involucraron a los lituanos del 2º Batallón de Construcción. Sin embargo, estas actividades antipartisanas fueron muy raras. Los *Bau-Bataillonen* lituanos sufrieron bajas muy ocasionales, la mayoría debido a accidentes de trabajo, y muy escasas originadas por combates.

Cuando los batallones de construcción se disolvieron algunos de sus hombres fueron integrados en otras unidades alemanas. Estas unidades generalmente se rindieron a los rusos y los lituanos fueron enviados a los campos de prisioneros de la NKVD. Sin embargo, la mayoría fueron puestos en libertad pronto. Algunos lograron llegar a Alemania, y desde allí trasladarse a los Estados Unidos después de la guerra.

Las Fuerzas de Defensa Territorial de Lituania (LVR)

Desfile de una unidad de las Fuerzas de Defensa Territorial de Lituania (LVR). Llevan uniformes y cascos alemanes, así como armamento suministrado por la *Wehrmacht*.

Tras el enorme chasco que supuso para los alemanes la imposibilidad de reclutar lituanos para una Legión Nacional integrada en la *Waffen SS*, el transcurso de la guerra –muy negativo para los intereses teutones– provocó un cambio en la mentalidad de la población de Lituania. Si bien era cierto que los ocupantes germanos no eran bien vistos y su comportamiento, en general, con la nación lituana había sido muy poco edificante y nada inteligente, la cercanía del frente a las fronteras de las repúblicas bálticas estaba haciéndoles reflexionar sobre las consecuencias que tendría para su país el regreso de los soviéticos y la despiadada ocupación que habían padecido entre 1940 y 1941.

En el otoño de 1943, varias unidades partisanas soviéticas comenzaron a operar en el este de Lituania, por lo que los alemanes volvieron a intentar formar una unidad militar lituana que luchara contra ellas. El denominado «Comité Supremo para la Liberación de Lituania» (VLIK) – que era una versión renovada del antiguo Frente de Activistas Lituanos (FAL)–, compuesto por varias figuras públicas lituanas y antiguos militares, dió su aprobación para organizar una unidad militar liderada por oficiales lituanos, que defendiera Lituania de las unidades partisanas y del Ejército Rojo.

GENERAL POVILAS PLECHAVICIUS

Povilas Plechavicius nació en una familia de agricultores en 1890 en la población de Bukanciai, siendo el segundo hijo de una familia numerosa de 12 hermanos. Tras graduarse en la Escuela Militar de Caballería de Oranienburg en 1914, participó en la Primera Guerra Mundial en la unidad de caballería del Ejército Imperial Ruso, y durante la época revolucionaria de 1917 luchó contra los bolcheviques en el sur de Rusia. En 1918, tras regresar a Lituania, se instaló en Samogitia y organizó un destacamento partisano que luchó en la Guerra Lituano-Soviética contra los bolcheviques. También combatió contra los bermontianos y los polacos. Tras el fin de la guerra, la diputada socialdemócrata del Seimas (Parlamento), Liuda Pureniene presentó una demanda contra Plechavicius, por presunta «excesiva crueldad» en el conflicto. Al tomar la palabra, Plechavicius declaró lacónicamente: «Su Señoría, si no hubiera sido por mí o por alguien como yo, no estaría sentada aquí hoy». Fue absuelto de todos los cargos. En 1924 Plechavicius realizó los Cursos Superiores de Oficiales en Kaunas, y dos años más tarde, los de la Escuela de Estado Mayor General de Praga. Desde 1927 fue Jefe del Estado Mayor General de las Fuerzas Armadas Lituanas. El 17 de diciembre de 1926 dirigió un golpe de estado que triunfó y puso en el poder nuevamente a Antanas Smetona. El 13 de febrero de 1929, el general Plechavicius pasó a la reserva, dedicándose desde entonces a labores agrícolas. Durante la primera ocupación soviética, huyó a Alemania y, tras el estallido de la guerra germano-soviética, regresó a Lituania. En 1944, dirigió el Ejército Local Lituano (LVR) y tras la disolución del mismo, fue arrestado y llevado al campo de concentración de Salaspils (Letonia) y luego a Danzig y Klaipeda, donde fue liberado. Poco después Plechavicius partió hacia Alemania. En febrero de 1946, los soviéticos exigieron a los británicos la entrega de Plechavicius, considerándolo criminal de guerra, aunque éstos no lo hicieron. Los servicios secretos soviéticos planearon secuestrarlo y llevarlo a la zona soviética, aunque no lo lograron. Plechavicius fue reclutado por la CIA, que facilitó su emigración a Estados Unidos en 1949. Durante su estancia en Chicago, el general se interesó por las actividades y la vida cultural lituanas, especialmente las de la Unión de Veteranos Lituanos. El general Povilas Plechavicius falleció el 19 de diciembre de 1973.

Un voluntario de las Fuerzas de Defensa Territorial de Lituania (LVR) con uniforme alemán modelo 1944.

Pese a que estas restrictivas propuestas chocaban frontalmente con lo que habían previsto las autoridades militares alemanas, éstas aceptaron a regañadientes la formación del que los lituanos llamarían Fuerzas de Defensa Territorial de Lituania (*Lietuvos Vietine Rinktine*, LVR), y los germanos bautizarían como Unidades Especiales Lituanas (*Litauische Sondervervande*, LSV), cuyo jefe sería el general retirado Povilas Plechavicius, quien había regresado a Lituania desde Alemania tras la Operación «Barbarroja».

Plechavicius estableció una serie de condiciones para aceptar el mando de la unidad lituana y para que ésta se organizara: debería contar con un mínimo de 10 000 efectivos; sería la base de las futuras fuerzas armadas lituanas para la lucha antibolchevique; sería controlada exclusivamente por él mismo y empleada únicamente dentro del territorio del Distrito General de Lituania.

Para asuntos jurídicos, la brigada seguiría la ley lituana de tribunales militares vigente en el período de entreguerras. La misión principal de la brigada sería proteger lugares estratégicos que no estuvieran cubiertos por la *Wehrmacht*. Las unidades ucranianas y otras unidades extranjeras presentes en territorio lituano, deberían abandonarlo de inmediato. Los alemanes no podrían dar órdenes directas a la brigada ni utilizar unidades individuales a su voluntad.

Durante la creación de la brigada, se detendría el envío de lituanos que acudían a trabajar a Alemania. Los soldados lituanos deberían estar

UNIDADES PARTISANAS EN EL ESTE DE LITUANIA

En el período de ocupación alemana de Lituania hubo dos grupos de partisanos que lucharon contra la *Wehrmacht* y las unidades de policía auxiliar lituanas: el llamado Ejército Nacional Polaco y los partisanos soviéticos. A partir de 1943, comenzaron a establecerse unidades partisanas polacas en la región de Vilna, 15 de ellas en la primavera de 1944. Los partisanos polacos atacaron tanto a la policía alemana y lituana, como a los partisanos soviéticos.

Desde finales de 1943, el Ejército Nacional Polaco intensificó su actividad y comenzó a atacar pueblos y centros de distrito, aterrorizando a los lituanos, gobernando a veces, de facto, algunas áreas en el este de Lituania. En territorio lituano, los partisanos soviéticos operaban desde dos campamentos principales, uno cerca de Narach (Bielorrusia) y otro en el bosque de Rudninkai, desde donde estos grupos partisanos llegaron, incluso, a Samogitia.

armados, uniformados y equipados según el estandar del ejército alemán y los familiares de sus muertos y heridos recibirían el mismo trato que los del ejército alemán. El Comisario General de Lituania sería el encargado de nombrar al comandante de la brigada, quien redactaría el texto del juramento, junto con el jefe del departamento de policía del Comisariado General.

Tras el nombramiento oficial de Plechavicius el 1 de febrero de 1944, las Fuerzas de Defensa Territorial se organizaron el 13 de ese mismo mes en la sede de la Comandancia de las SS y la Policía de *Ostland* –al mando de Friedrich Jeckeln–, en Riga, donde se anunció el acuerdo correspondiente en presencia del general lituano y del jefe de la policía alemana para Lituania, Herman Harm.

Coincidiendo con el Día de la Independencia de Lituania, el 16 de febrero de 1944, Plechavicius hizo un llamamiento a la nación por radio, solicitando voluntarios y más de 20 000 hombres respondieron con su posible alistamiento. Todas las organizaciones políticas clandestinas lituanas apoyaron a Plechavicius. Los alemanes quedaron muy sorprendidos por la cantidad de voluntarios que acudieron a la convocatoria del general, ya que sus llamamientos de principios de año no tuvieron ninguna acogida.

El 21 de febrero, las oficinas de los comandantes de los diferentes condados litua-

BATALLONES DE LAS FUERZAS DE DEFENSA TERRITORIAL

Unidad	Creado en	Regimiento	Formado	Disuelto
301.º Batallón	Asmena	Kaunas	Marzo 1944	Mayo 1944
302.º Batallón	Alsenai	Marijampole	Marzo 1944	Mayo 1944
303.º Batallón	Trakai	Vilna	Marzo 1944	Mayo 1944
304.º Batallón	–	Kavalrija	Marzo 1944	Mayo 1944
305.º Batallón	Eisiskes	Vilna	Marzo 1944	Mayo 1944
306.º Batallón	Vilna	Vilna	Marzo 1944	Mayo 1944
307.º Batallón	Rokiskis	Marijampole	Marzo 1944	Mayo 1944
308.º Batallón	Alsenai	Kaunas	Marzo 1944	Mayo 1944
309.º Batallón	–	Vilna	Marzo 1944	Mayo 1944
310.º Batallón	Jasinai	Kaunas	Marzo 1944	Mayo 1944
241.º Batallón	Asmena	Marijampole	Marzo 1944	Mayo 1944
242.º Batallón	Alsenai	Kavalrija	Marzo 1944	Mayo 1944
243.º Batallón	Trakai	Kavalrija	Marzo 1944	Mayo 1944
Batallón de Entrenamiento	Marijampole		Marzo 1944	Mayo 1944

nos comenzaron a registrar a los voluntarios. Plechavicius ordenó que se formaran inicialmente siete batallones, tres en Marijampole, dos en Kalvarija y dos en Seredzius, que formarían el núcleo de las Fuerzas de Defensa Territorial y se utilizarían para operaciones de mayor envergadura. También se planificó la formación de un batallón de reserva en Marijampole.

El 1 de marzo, ya se habían registrado casi 20 000 hombres, decidiendo aumentar a 13 los batallones lituanos (con 750 efectivos cada uno), numerándolos del «301» al «310» y del «241» al «243», manteniendo el batallón de reserva como unidad independiente (con 1500 hombres). Dos días después la LVR disponía de 550 oficiales y 1500 suboficiales, todos ellos profesionales, y 10 000 soldados de los cuales cerca de 4000 habían servido en el ejército lituano de preguerra. Se organizó también una Escuela Militar.

El proceso de creación no fue sencillo debido a la desconfianza de los alemanes en la unidad lituana. El mando militar de ocupación ordenó reorganizar los batallones ya formados, pues decidió que no debían contar con cuatro compañías cada uno, sino con tres, retrasando la entrega de armamento, municiones, transporte y comunicaciones. También exigieron la incorporación de oficiales alemanes –Zahlmeisters– a las unidades de la LVR.

Una de las imágenes más conocidas del general lituano Povilas Plechavicius. A la unidad que mandó escasos tres meses, la LVR, se le conoce también como la «Legión Plechavicius».

Las tensiones entre alemanes y lituanos, con Plechavicius a la cabeza, comenzaron recién formados los batallones LVR. A partir de abril, los alemanes consideraron transformar los batallones lituanos recién creados en un servicio policial auxiliar de las SS, algo a lo que Plechavicius se opuso, bloqueando las órdenes de Jeckeln para que los lituanos se subordinaran a los comandantes regionales alemanes. También se negó a que en el juramento de los soldados lituanos apareciera Hitler por ningún lado.

La tensión iba en aumento y el general lituano no estaba dispuesto a plegarse a las órdenes alemanas, que según sus argumentos, desafiaban lo firmado en Riga en febrero.

A finales de abril, Plechavicius bloqueó secretamente la creación de una lista de reclutas lituanos para el ejército alemán y se opuso a la movilización, anunciada a principios de mayo y programada para completarse el 8 de ese mismo mes. De hecho, la movilización fracasó por completo, no llegando al 5% de los hombres en edad militar, los presentados ante las autoridades alemanas.

Arriba. Soldado lituano del 308.º Batallón de la LVR. Lleva uniforme alemán sin ningún tipo de distintivos en cuello, hombros, pecho o gorra.

Pero la cosa no quedó ahí; el 9 de mayo, ordenó a los reclutas que se entrenaban en Marijampole que regresaran a casa, y a los batallones de la LVR en la región de Vilna que cesaran las hostilidades con las fuerzas del Ejército Nacional Polaco y regresaran a sus guarniciones asignadas. Días después, sería el propio Plechavicius el que ordenaba a sus hombres que se dispersaran y desaparecieran en los bosques con armas y uniformes. El Ejército Territorial Lituano estaba ya sentenciado, disolviéndose las unidades a lo largo de ese mismo mes.

El 12 de mayo, Plechavicius se negó a reunirse con el nuevo jefe de la policía alemana en el territorio lituano, Kurt Hintze, y envió a su jefe de estado mayor –el coronel Oskaras Urbonas–, quien manifestó a los alemanes que Plechavicius se negaba a ser un general de las SS o servir en esa estructura.

Arriba. Dos soldados lituanos de la LVR.

Derecha. El coronel Oskaras Urbonas fue el jefe de Estado Mayor de la LVR. Fue detenido, con el general Plechavicius, y enviado al campo de concentración de Salaspils.

Página anterior, abajo. Un pelotón de soldados lituanos de la LVR al mando de un suboficial, armados con fusiles franceses y granadas alemanas, dispuestos para el combate en marzo de 1944

Plechavicius, su jefe de estado mayor y otros 50 oficiales lituanos de las Fuerzas de Defensa Territorial de Lituania fueron arrestados el 15 de mayo, y enviados al campo de prisioneros de Salaspils (Letonia). Jeckeln y Hintze hablaron a los oficiales lituanos de la LVR, acusándolos de bandidaje y sabotaje, amenazándolos con la ejecución o el traslado a campos de concentración. Les anunciaron que la unidad sería disuelta y desarmada y los soldados serían transferidos a la *Luftwaffe*.

Cualquier desertor sería fusilado en el acto y sus familias castigadas.

Pero lo cierto es que los alemanes solo lograron desarmar a cuatro de los 14 batallones lituanos de la LVR. Alrededor de 3500 lituanos, disueltas sus unidades, volverían a ser reclutados por los alemanes por la fuerza, siendo enviados algunos como guardias en instalaciones de la *Luftwaffe* fuera de Lituania, otros marcharon a Alemania como trabajadores y otros, formando varios batallones de infantería fueron enviados al Frente Oriental al mando del coronel lituano Adolfas Birontas.

Muchos soldados de la LVR lograron evadirse y desaparecer con sus armas, formando el núcleo de la resistencia armada antisoviética, que libraría una guerra de guerrillas durante los siguientes ocho años.

Arriba y abajo. Algo más de 12 000 lituanos fueron integrados en unidades auxiliares de la *Luftwaffe* y vistieron su uniforme en diferentes lugares de Alemania.

Foto de grupo de varios voluntarios lituanos, miembros del 1.er Regimiento TAR, formado en agosto de 1944 en Samogitia. Hay que fijarse en la curiosa uniformidad de los lituanos, un muestrario de uniformes alemanes variados (*Heer*, Policía...), de distintos modelos, combinados con prendas lituanas (gorra de plato, correajes...) e incluso alguna condecoración germana, como la que porta el tercero por la izquierda, que parece la medalla del «Primer Invierno»

Capitán Izidorius Jatulis, primer jefe del Regimiento «Samogitia».

Fuerza de Defensa de la Patria (TAR)

En el verano de 1944, cuando el Ejército Rojo cruzó la frontera lituana, parte de la población lituana se retiró al oeste con las fuerzas de la *Wehrmacht*. En Samogitia, en la zona de Vieksniai, se congregaron numerosos grupos de refugiados procedentes de varias zonas de Lituania. Gran parte de ellos eran hombres aptos para el servicio militar, por lo que comenzaron a formarse unidades de autodefensa.

El 29 de julio de 1944, representantes de las unidades más numerosas se reunieron en la parroquia de Pievenai y decidieron si retirarse a los bosques y prepararse para la guerra de guerrillas, o crear una unidad del ejército lituano y unirse a la lucha contra el Ejército Rojo junto con los alemanes. La reunión fue presidida por el capitán Izidorius Jatulis y de los 18 jefes de unidad presentes, 10 se pronunciaron a favor de unirse a los alemanes. De esta manera se creó la llamada «Fuerza de Defensa de la Patria» (*Tevynes Apsaugos Rinktine* TAR), y el capitán Jatulis se convirtió en el primer jefe.

La unidad lituana quedó subordinada al jefe de las fuerzas alemanas del sector de Samogitia, que entonces era el coronel Helmut Mäder. Según los planes alemanes, la nueva unidad lituana debía cubrir a las unidades alemanas atacadas por el Ejército Rojo y darles tiempo para reagruparse. Mäder creyó que los lituanos podrían constituir una división, aunque nunca se llegó a tal.

De acuerdo con los estatutos del antiguo ejército lituano, comenzó la formación del 1.er Regimiento (llamado también Regimiento «Samogitia»), con el mayor Alfonsas Urbonas como su comandante. El regimiento estaba compuesto por dos batallones, cada uno de tres compañías. El 26 de agosto, el regimiento ya contaba con unos 1200 hombres, de los que sólo 47 eran oficiales, el resto eran jóvenes sin experiencia de entre 18 y 20 años.

A principios de septiembre, comenzó la formación del 2.º Regimiento de Infantería Lituana, con el teniente coronel Mecys Kareiva como su comandante (sustituido tras su fallecimiento por Matas Naujokas). También se planeó formar el 3.er Regimiento, con el capitán Pranas Pocebutas (fallecido posteriormente cerca de la ciudad de Seda, al noroeste de Lituania), pero nunca se llevó a cabo.

Arriba. Mayor Alfonsas Urbonas. A su cargo estuvo el 1º Regimiento de la TAR, también conocido como Regimiento «Samogitia».

El número total de voluntarios en la unidad era de unos 6000, incluyendo 112 oficiales, cinco de los cuales tenían el empleo de coronel. Cuando se constituyó se le asignó una zona del frente a lo largo del río Venta, entre las poblaciones de Papile y Kursenai, al noroeste de la ciudad de Siauliai.

En la primera quincena de agosto de 1941, las acciones de combate se desarrollaron principalmente en enfrentamientos con las patrullas de reconocimiento soviético. No hubo combates importantes ya que las principales fuerzas de ataque soviéticas se dirigieron hacia Riga. La aviación del Ejército Rojo bombardeó varias veces las trincheras lituanas, pero sin grandes bajas. La situación cambió a principios de octubre de 1944, cuando las fuerzas del 1.er Frente Báltico del Ejército Rojo, lanzaron la operación «Klaipeda» con el apoyo de la aviación y los carros de combate, avanzando hacia la ciudad de Seda.

El 6 de octubre, los hombres del 1.er Regimiento de la TAR tomaron posiciones en las trincheras alrededor de Seda y esperaron la llegada de los soviéticos. El 1.er Batallón se encargó de defender Seda desde el sureste y el este, y el 2.º Batallón, desde el noreste. El 2.º Regimiento de Voluntarios Lituanos se encontraba en la retaguardia del frente el 7 de octubre y no participó en los combates pues no estaba preparado.

En la mañana del 7 de octubre de 1944, varias docenas de tanques soviéticos atacaron las posiciones defendidas por los lituanos, que no tenían posibilidad alguna frente a un enemigo mucho más poderoso y mejor armado. Pero los lituanos aguantaron.

El coronel Helmuth Mäder, al coordinar el plan de defensa de Seda con el mando de la TAR, tenía el claro objetivo de paralizar, al menos temporalmente, el ataque soviético, permitiendo así que las unidades rezagadas se reagruparan. Mäder sabía que los batallones lituanos, sin margen de ma-

Abajo. El coronel del *Heer* Helmuth Mäder era el jefe alemán encargado de organizar la defensa de un importante nudo ferroviario en Siauliai (Samogitia-Lituania), situado a medio camino entre Königsberg y Riga, durante la ofensiva soviética sobre dicha ciudad. Consiguió mantenerlo abierto durante dos días, permitiendo el paso seguro de las unidades alemanas en retirada. Por ello, el 27 de agosto de 1944 recibió las Hojas de Roble para su Cruz de Caballero de la Cruz de Hierro.

niobra debido al caudaloso río Varduva (afluente del Venta), lucharían hasta el último soldado. De hecho, esto fue lo que sucedió, porque nadie quería ser capturado vivo por el Ejército Rojo y tampoco había a dónde retirarse.

En total, más de 100 soldados lituanos murieron en los combates de Seda, y varios centenares más fueron hechos prisioneros. A pesar de las promesas de apoyo incumplidas por los alemanes y la impotencia de los lituanos ante los tanques, los rusos encontraron una resistencia considerable. Seda se menciona en la orden de Stalin n.º 8, de octubre de 1944, como una importante fortaleza defensiva, por cuya ruptura se condecoró a varios soldados soviéticos.

La Fuerza de Defensa de la Patria lituana estuvo lastrada por la falta de armas y oficiales y por el insuficiente entrenamiento de los soldados. Tras los combates de Seda, los soldados lituanos supervivientes, integrados en las unidades de la *Wehrmacht*, se retiraron al oeste. El 10 de octubre de 1944, los restos de la TAR llegaron a Klaipeda y desde allí, un pequeño grupo se retiró a Prusia Oriental vía Rusne, y otro mayor (unos 1000 hombres), a la península de Curlandia.

Muchos lituanos, finalizada la guerra, pasaron a engrosar las filas de los partisanos anticomunistas «Hermanos del Bosque», al igual que ocurrió en Letonia y en Estonia.

Los que fueron hechos prisioneros en la zona de ocupación de los Aliados occidentales, tuvieron suerte, pues se acabaron moviendo por el mundo occidental libre. Muchos soldados lituanos se dispersaron, se vistieron de civil y, más tarde, al regresar a sus lugares de origen, se unieron a las filas de los partisanos.

A comienzos de 1945 había unos 36 000 lituanos encuadrados en las diferentes fuerzas alemanas, una cantidad mucho menor que la de sus vecinos bálticos. Unos 3000 servían en los batallones de Construcción, integrados en el *Heer*; otros 3000 lo hacían en los Batallones de Policía –antiguos Batallones «Schuma»– y unos 12 000, estaban integrados en la *Luftwaffe* como fuerzas auxiliares, sobre todo en aeródromos y ciudades. El resto servían en unidades auxiliares de construcción, como el RAD o la Organización «Todt». A diferencia de los letones o de los estonios, ningún lituano fue condecorado durante la Segunda Guerra Mundial con la Cruz de Caballero de la Cruz de Hierro, ni con la Cruz Alemana en Oro.

29. 1943. VII. 24 d.